KB125736

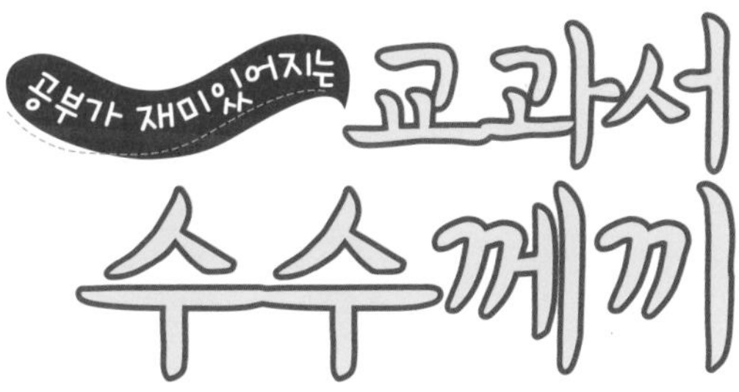
공부가 재미있어지는
교과서 수수께끼

공부가 재미있어지는
교과서 수수께끼
내 이빨 무섭지?
내 이빨이 더 무서울걸?
온몸이 이빨로 뒤덮인 괴물보다는 안 무서울걸?
정재은 글 | 우지현 그림

은하수 미디어
EUNHASOOMEDIA

차례

인체

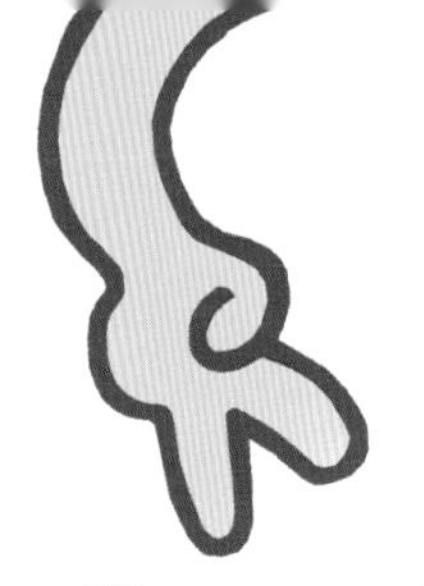

자연

사물

가을에만 날 수 있는 직승기(헬리콥터)는?

구리는 구리인데 길에서 나오는 구리는?

구리는 구리인데 나무에서 나는 구리는?

구리는 구리인데 논에서 나는 구리는?

돼지가 꿀꿀거리는 까닭은?

매일 방귀 뀌는 나무는?

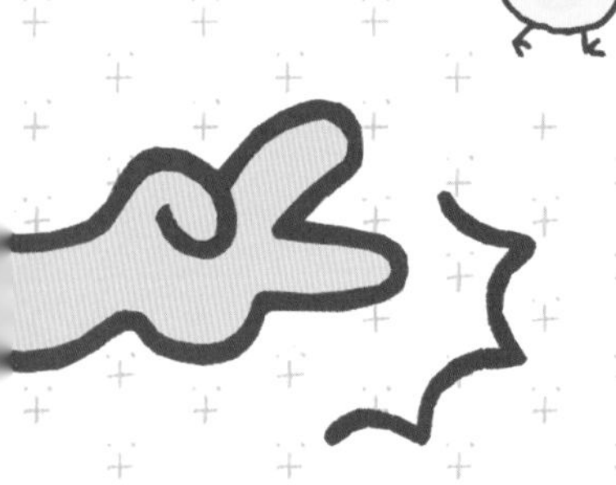

방울은 방울인데 소리가 나지 않는 방울은?
북은 북인데 살아 있는 북은?
사람에게 올 때 사이렌을 불면서 오는 것은?
생기자마자 할머니가 되는 것은?
여름에는 입고 겨울에는 벗는 것은?
옷을 벗기면 온몸이 이빨로 된 괴물은?

옷을 벗을 때마다 우리를 눈물 흘리게 하는 것은?
잘못했을 때 먹는 과일은?
저축을 좋아하는 사람이 좋아하는 나무는?
제비는 제비인데 땅에서만 다니는 제비는?
집을 늘 등에 지고 다니는 것은?

동물

가을에만 날 수 있는 직승기(헬리콥터)는?

답 : 잠자리

직승기는 북한말로 헬리콥터예요. 헬리콥터는 잠자리가 나는 방법을 본떠서 만들어졌다고 해요. 잠자리는 가을이 되면 많이 나타나요. 여름쯤 어른 잠자리가 되지만, 숲이나 산속에 있다가 가을이 되면 짝짓기를 하러 밖으로 나와 활발히 날아다니기 때문이지요. 그래서 가을에만 날 수 있는 직승기(헬리콥터)는 잠자리라고 할 수 있답니다.

상식 잠자리를 왜 최고의 사냥꾼이라고 부를까?

잠자리는 눈이 아주 좋아요. 겹눈 두 개와 홑눈 세 개가 있는데, 홑눈은 그저 빛의 밝고 어두움만 느끼는 정도예요. 잠자리를 최고의 사냥꾼으로 만들어 주는 것은 바로 겹눈이지요. 잠자리의 겹눈은 약 1만 개에서 3만 개나 되는 작은 낱눈들로 이루어져 있어요. 그래서 잠자리는 눈의 개수가 가장 많은 곤충이기도 하답니다.

겹눈으로 보면 주위의 사물이 모자이크처럼 보여서 조금 엉성해 보여요. 하지만 움직이는 것은 매우 잘 보이기 때문에 잠자리는 날아가는 먹이를 놓치는 일이 없어요. 또 잠자리는 눈이 둥글게 튀어나와서 사방을 한꺼번에 살필 수 있고 뒤에서 날아오는 사냥감도 잘 잡을 수 있지요.

잠자리는 나는 기술도 아주 훌륭해요. 공중에 멈추어 있다가 갑자기 시속 50킬로미터의 속도로 날 수도 있지요. 나는 속도가 빠를 뿐 아니라 앞쪽과 아래쪽으로 일직선으로 날 수 있는 것은 물론, 실잠자리는 뒤로 날 수도 있어서 한 번 마음먹으면 웬만한 먹이는 놓치지 않는답니다.

▲잠자리

동물

구리는 구리인데 길에서 나오는 구리는?

답 : 쇠똥구리, 말똥구리

구리는 붉은빛이 도는 금속으로, 전기가 흐르는 선인 전선을 만드는 데 쓰여요. 구리는 구리인데 길에서 나오는 구리는 바로 쇠똥구리랍니다. 쇠똥구리와 말똥구리는 물구나무를 서서 뒷다리로 소나 말 같은 초식 동물의 똥을 공처럼 굴려 집으로 가지고 가지요.

상식 쇠똥구리는 똥으로 무엇을 할까?

옛날에는 소가 똥을 싸면 어디선가 작은 쇠똥구리들이 우르르 몰려와 똥을 동그란 경단 모양으로 뭉쳤어요. 쇠똥구리는 크기가 1.6센티미터 정도 되는 작은 곤충이에요. 금세 똥을 모두 가져가 버려 거리를 깨끗하게 청소해 주었다고 해요. 1960년대까지만 해도 쇠똥구리는 우리나라에서 흔히 볼 수 있는 곤충이었어요. 하지만 안타깝게도 지금은 그 숫자가 많이 줄어 사라질 위기에 처했지요.

▲쇠똥구리

쇠똥구리는 소와 말 등의 똥을 먹고 살아요. 똥 경단 속에 알을 낳고, 알에서 나온 애벌레는 똥을 맛있게 먹고 자라지요. 똥 속에서 번데기가 되었다가 어른 쇠똥구리가 된답니다. 그래서 쇠똥구리에게는 똥이 아주 많이 필요해요. 쇠똥구리는 유럽과 아시아, 아프리카에 널리 퍼져 있어요. 아프리카에 사는 쇠똥구리들은 초원을 누비는 초식 동물의 똥을 치우는 아주 중요한 역할을 맡고 있답니다.

하나 더! 똥은 똥인데 냄새가 안 나는 똥은? 몽름몽름

동물

구리는 구리인데 나무에서 나는 구리는?

구리는 구리 광산에서 캐내야 하지요. 그런데 나무에서 찾을 수 있는 구리가 있답니다. 바로 딱따구리예요. 딱따구리는 나무에 구멍을 뚫고 둥지를 만들어요. 단단한 부리로 나무를 쪼아 나무 틈에 숨어 있는 딱정벌레의 애벌레를 꺼내 먹지요.

상식 새의 부리는 어떻게 생겼을까?

▲독수리

새의 부리는 먹이의 종류와 먹는 방법에 따라 생김새가 달라요. 작은 동물을 사냥해서 부리로 찢어 먹는 독수리, 매, 부엉이와 같은 맹금류는 날카로운 윗부리가 아래쪽으로 휘어져 고기를 찢어 먹기에 좋아요. 풀씨나 곡식을 까먹는 참새와 되새 같은 새들은 부리가 짧고 두껍지요. 꽃의 꿀을 빨아먹는 동박새나 날아다니며 곤충을 잡아먹는 제비는 부리가 길고 뾰족해요. 딱따구리도 나무 틈 사이의 벌레를 잡아먹기 좋게 부리가 길고 뾰족하지요. 마도요나 두루미는 부리가 길어서 머리를 물속에 담그지 않고도 갯벌 속에 숨어 있는 먹이를 잡아먹을 수 있어요. 오리나 기러기의 부리는 길고 뭉툭해서 물이나 진흙 속에서 먹이를 잡기 쉬워요. 밀림 속에서 나무 열매를 먹는 코뿔새는 부리가 매우 커요. 커다란 나뭇잎을 헤치고 열매를 따 먹기 좋게 발달했지요.

▲딱따구리

▲오리

 **하나 더!** 날아다니는 꼬리는? |ㄹㄸ|ㄸ

동물

구리는 구리인데 논에서 나는 구리는?

답 : 개구리

금속인 구리는 논에서 나지 않지만 논에서 흔히 볼 수 있는 구리가 있어요. 바로 개구리예요. 개구리는 연못이나 냇가, 논의 물속에 알을 낳아요. 알에서 나온 올챙이는 물속을 헤엄치며 어린 시절을 보내다가 개구리가 되면 물가로 올라와 살아요.

상식 개구리와 두꺼비는 어떻게 다를까?

▲개구리

개구리와 두꺼비는 양서류예요. 양서류는 물속에서도 살 수 있고, 땅 위에서도 살 수 있어요. 대부분의 양서류는 개구리처럼 어릴 때에는 물에서 생활을 하다가 다 자라면 땅 위로 올라와 물가에서 살지요.

두꺼비도 어린 시절을 올챙이로 보내요. 두꺼비 올챙이는 개구리 올챙이보다 더 검고, 더 작고, 힘이 약해서 개구리 올챙이와 물속 곤충들에게 잡아먹히기 쉬워요.

▲두꺼비

또 개구리는 폴짝폴짝 잘 뛰지만 두꺼비는 느릿느릿 걸어요. 위험에 처하면 개구리는 폴짝 뛰어 달아나지만, 두꺼비는 몸을 부풀리고 귀 밑에서 독을 내뿜어요. 개구리 수컷은 암컷을 부를 때 울음주머니에서 소리를 내지만 두꺼비 수컷은 울음주머니가 없어서 목에서 소리를 내요. 개구리와 두꺼비는 모두 겨울잠을 자지요.

두꺼비와 가장 닮은 개구리는 옴개구리예요. 옴개구리는 두꺼비처럼 독이 있고, 산골짜기에 흐르는 시냇물가에서 살아요.

 **하나 더!** 올챙이는 알을 낳을까, 새끼를 낳을까? 아무것도 낳지 못한다.

돼지가 꿀꿀거리는 까닭은?

돼지는 배고파도 꿀꿀, 목이 말라도 꿀꿀, 기분이 좋아도 꿀꿀거려요. '꿀꿀'이 돼지의 말이니까요. 하지만 우리가 보기에는 꼭 꿀을 달라고 꿀꿀거리는 것 같지요! 만약 돼지에게 달콤한 꿀을 주면 어떨까요? 아마 맛있다고 꿀꿀거릴 거예요.

상식 돼지는 더럽고 게으르고 먹을 것만 좋아하는 동물일까?

돼지가 게으르거나 더럽다는 생각은 사람들이 더러운 우리에 돼지를 가둬 키우기 때문에 생긴 오해예요. 사실 돼지는 아주 깨끗하고 영리한 동물이랍니다.

원래 돼지는 진흙에 뒹굴며 목욕을 해서 몸에 붙은 진드기를 떼어 내요. 피부병을 막기 위해서예요. 그런데 우리에는 진흙이 없기 때문에 돼지는 자기가 싼 똥 위에 뒹굴며 진드기를 떼어 내야 하지요. 그 모습이 사람들이 보기에는 지저분해 보이는 거예요.

▲돼지

그리고 흔히 "돼지처럼 먹기만 한다."라고 말하는데, 실제로 돼지는 먹기만 하는 동물이 아니에요. 딱 배가 부를 때까지만 먹고 활동하기를 좋아하지요. 얼마나 재빠른지, 돼지가 달아나면 쉽게 잡을 수 없답니다.

하나 더! 돼지가 꼬리를 흔드는 까닭은? 꼬리가 돼지를 흔들 수는 없으니까

식물

매일 방귀 뀌는 나무는?

방귀를 뀌면 '뽕' 하고 소리가 나지요? 방귀의 '뽕' 소리와 뽕나무의 '뽕' 이 비슷하니까 뽕나무를 매일 방귀 뀌는 나무라고 한 거예요. 하지만 실제로 뽕나무에서 구린 방귀 냄새는 나지 않는답니다. 뽕나무의 잎은 비단을 만드는 누에의 먹이로 쓰이고, 열매인 오디는 술을 담그는 데 쓰여요. 그냥 먹어도 맛있는 오디의 맛은 새콤달콤하지요.

상식 누에에서 어떻게 실을 뽑을까?

누에는 누에나방의 애벌레예요. 누에는 뽕잎을 먹고 자라서 번데기를 거쳐 누에나방이 되지요. 누에는 번데기 기간을 보내기 위해 실을 토해 고치를 만드는데, 이 누에고치에서 실을 뽑아 만든 것이 바로 비단이에요. 비단을 짜려면 먼저 하얀 누에고치에서 실을 뽑아야 해요.

▲고치를 짓는 누에

누에고치를 솥에 넣고 삶으면 고치에서 끈적끈적한 실이 풀려 나오는데, 이 실을 건져 얼레에 감으면 명주실이 되지요. 그런데 누에고치에서 풀려 나온 실은 너무 가늘어서 한 가닥으로는 쓸 수 없어요. 그래서 보통 열 가닥 이상 모아서 명주실을 만들어요. 명주실을 베틀에 걸어 천으로 짜면 곱고 아름다운 비단이 되지요.

비단은 짜는 방법과 무늬 등에 따라 양단, 공단, 항라, 갑사 등 여러 종류로 나뉘어요.

하나 더! 어려서는 옷을 입고 자라서는 벗는 것은? 누에

식물

방울은 방울인데 소리가 나지 않는 방울은?

방울 속에는 구슬이 들어 있어서 흔들릴 때마다 딸랑딸랑 소리가 나요. 소나무의 열매인 솔방울은 딸랑거리는 방울과 비슷하게 생겼어요. 하지만 흔들어도 소리는 나지 않지요. 솔방울 속에는 딸랑거리는 구슬 대신 소나무 씨앗이 들어 있지요. 소나무는 씨앗이 겉으로 드러나 있는 겉씨식물이에요. 소나무 씨앗에는 얇은 날개가 붙어 있어서 바람을 타고 멀리까지 날아갈 수 있답니다.

상식 솔방울을 심으면 소나무의 싹이 날까?

소나무는 한 나무에 암꽃과 수꽃이 따로 피어요. 봄이 되면 수꽃은 꽃가루를 날려 보내고, 암꽃은 꽃가루를 받아들여 가루받이를 한 뒤 솔방울 열매를 맺지요. 솔방울은 처음에는 크기가 작고 녹색이지만 다음 해 가을까지 점점 크게 자라면서 갈색으로 변하지요. 솔방울 안에 있는 씨앗도 익고요. 씨앗이 다 익으면 솔방울은 밑에서부터 벌어지며 씨앗을 아래로 떨어뜨려요. 씨앗에는 날개가 달려 있어서 바람에 날려 멀리 날아가요. 그렇게 날아가 어딘가에 떨어져 소나무 새싹으로 다시 태어나지요.

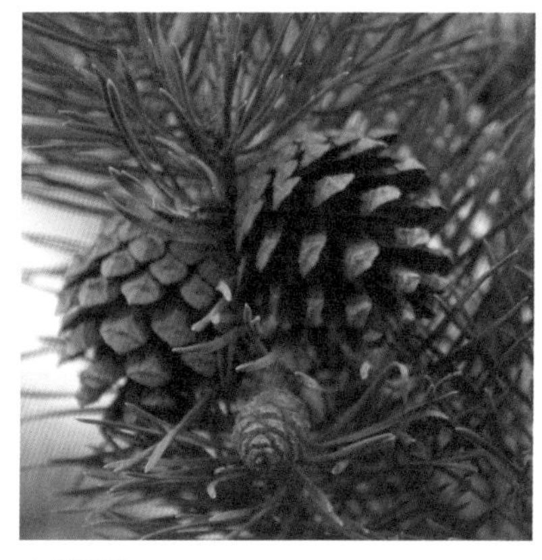
▲솔방울

그런데 땅에 떨어져 있는 솔방울을 심으면 소나무의 싹이 나지 않을 가능성이 많아요. 바닥에 떨어진 솔방울은 대부분 씨앗이 다 빠져나간 빈 솔방울이기 때문이에요.

하나 더! 발은 발인데 향기 나는 발은? 꽃다발

동물

북은 북인데 살아 있는 북은?

북은 두드려서 소리를 내는 악기예요. 생명이 없는 무생물이지요. 거북은 파충류이고, 등과 배에 단단한 딱지가 있는 살아 있는 동물이에요. 그래서 살아 있는 북은 거북이랍니다.

상식 거북은 정말로 오래 살까?

지구에서 가장 오래 사는 동물은 갈라파고스땅거북이에요. 갈라파고스땅거북의 평균 수명은 약 180년이에요. 지금까지 가장 오래 살았던 갈라파고스땅거북의 나이는 200살이에요. 갈라파고스땅거북이 제 수명대로 오래 살 수 있는 까닭은, 목숨을 위협할 만한 천적이 없기 때문이에요. 갈라파고스땅거북은 갈라파고스 제도에만 사는데 이 섬에는 이 덩치 큰 거북을 위협할 동물이 없거든요. 갈라파고스땅거북은 몸무게가 약 400~500킬로그램으로 가장 무거운 육지거북이에요.

▲갈라파고스땅거북

바다거북 가운데에는 몸무게가 600킬로그램이나 되는 장수거북이 가장 무겁답니다. 장수거북은 전 세계에 널리 퍼져 있지만 주로 열대나 아열대의 따뜻한 바다를 좋아해요. 장수거북의 먹이는 해파리예요. 덩치 큰 장수거북이 먹어치우는 해파리의 양은 어마어마해요. 그래서 어떤 과학자들은 장수거북이 해파리의 수가 너무 많아지지 않도록 조절하는 데 중요한 역할을 한다고 할 정도이지요.

하나 더! 북은 북인데 가장 큰 북은? 동서남북

동물

사람에게 올 때 사이렌을 불면서 오는 것은?

자다가 '앵앵앵' 귓가를 울리는 모기 소리에 깬 적이 있지요? 모기는 앵앵앵 날갯짓 소리를 내며 사람에게 다가오기 때문에 꼭 사이렌을 불면서 오는 것 같아요. 모기는 1초에 날개를 300~500번 정도 움직여요. 이때 날개 떨리는 소리가 '앵앵앵' 하고 들린답니다. 모기에게는 새와 달리 날개를 움직이는 근육이 따로 없어요. 가슴 근육이 떨릴 때 날개가 함께 떨리면서 소리가 나는 것이랍니다.

모기가 옮기는 병에는 무엇이 있을까?

세상에서 사람을 가장 많이 죽인 동물은 무엇일까요? 그 동물은 사자나 상어, 악어처럼 덩치 큰 맹수가 아니에요. 바로 눈에 잘 보이지도 않는 작은 곤충인 모기랍니다.

모기는 심각한 질병을 많이 옮겨요. 특히 열대 지역의 뎅기열, 황열병, 말라리아 등은 모기가 옮기는 심각한 전염병이에요. 그 가운데 말라리아는 해마다 수백만 명의 목숨을 앗아갈 정도로 무섭지요. 말라리아모기 암컷이 사람의 피를 빨면 걸려요. 말라리아모기는 아프리카, 동남아시아 같은 열대 지역에 많이 살지만 우리나라에도 강화도와 휴전선 부근에 살고 있어요. 우리나라의 말라리아모기가 옮기는 말라리아는 다행히 쉽게 낫는답니다.

일본뇌염은 작은빨간집모기가 옮기는 질병이에요. 작은빨간집모기는 우리나라에도 많기 때문에 일본뇌염에 걸리지 않으려면 예방 접종을 꼭 맞아야 해요.

하나 더! 시끄럽게 우는데 노래한다고 하는 것은? 매미

식물

생기자마자 할머니가 되는 것은?

답 : 할미꽃

할미꽃은 이른 봄에 피는 자주색 꽃이에요. 할미꽃의 열매는 하얀 솜털로 덮여 있어요. 그 모습이 꼭 할머니의 흰 머리카락 같다고 해서 할미꽃이라는 이름이 붙었지요. 할미꽃은 줄기가 구부러졌는데, 그 모습도 허리가 굽은 할머니와 닮았어요. 할미꽃에는 슬픈 전설이 전해져 와요. 할머니가 멀리 시집간 손녀를 찾아가다가 손녀의 집을 눈앞에 두고 추위와 굶주림으로 그만 죽고 말았는데, 할머니의 넋이 할미꽃으로 피어났다는 이야기이지요.

상식 할미꽃은 왜 무덤가를 좋아할까?

할미꽃은 무덤가에 많이 피어요. 할미꽃은 이른 봄에 피어서 햇볕이 잘 드는 곳을 좋아하는데, 우리나라에서는 무덤이 주로 햇볕이 잘 드는 양지바른 곳에 있어서 할미꽃이 살기에 좋기 때문이에요. 게다가 무덤가는 무덤을 만들 때 흙을 파서 뒤엎은 곳이라 흙이 물러요. 그래서 할미꽃이 뿌리를 잘 내릴 수 있지요. 이 밖에도 할미꽃은 햇볕이 잘 드는 잔디밭이나 산기슭에도 많이 핀답니다.

할미꽃의 꽃과 꽃가루, 뿌리에는 독이 있어요. 특히 뿌리의 독은 무척 강해서 옛날에는 여름이면 재래식 화장실에 할미꽃의 뿌리를 넣어 두기도 했어요. 그러면 구더기가 잘 생기지 않았거든요. 지금은 할미꽃 뿌리의 독을 이용해서 여러 가지 약을 만들기도 해요. 적당한 양을 쓰면 심장을 튼튼하게 해 준다고 해요.

▲할미꽃 열매

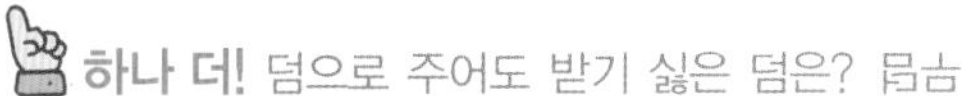

식물

여름에는 입고 겨울에는 벗는 것은?

답 : 나무

나무는 봄에 새싹을 틔우고 여름에는 잎이 무성해졌다가, 가을이 되면 잎을 떨어뜨리기 시작해서 겨울에는 앙상한 가지만 남아요. 그래서 여름에는 입고 겨울에는 벗는 것은 나무, 정확히 말하면 활엽수라고 할 수 있지요. 그런데 우리나라보다 따뜻한 열대 지역의 활엽수들은 일 년 내내 잎이 무성하답니다. 열대 지역에는 추운 겨울이 없기 때문이에요.

상식 왜 침엽수 잎은 뾰족하고 활엽수 잎은 넓적할까?

침엽수 잎은 바늘처럼 가늘고 뾰족해요. 침엽수는 춥고 비가 적게 내리는 지역에 살기 때문에 잎으로 수분이 빠져나가는 것을 줄이려고 잎이 가늘어졌어요. 소나무, 전나무, 잣나무, 가문비나무, 향나무 등이 침엽수예요. 침엽수는 날씨가 추워져도 잎이 떨어지지 않아 일 년 내내 푸르지요.

▲목련(활엽수)

▲소나무(침엽수)

활엽수는 잎이 넓은 나무로, 가을에 단풍이 들고 낙엽이 져요. 활엽수는 따뜻하고 비가 많이 내리는 곳에 살기 때문에 몸 안의 수분을 잘 내보내려고 잎을 넓게 만들었어요. 그래서 우리나라보다 덥고 비도 아주 많이 오는 열대 지역의 활엽수들은 잎이 훨씬 더 넓지요. 활엽수에는 가로수로 많이 심는 플라타너스, 가을이면 단풍이 드는 단풍나무와 노랗게 물드는 은행나무, 우리나라 산에 많은 참나무 등이 있어요.

하나 더! 아무리 나이 먹어도 항상 청년인 나무는? 상록수

식물

옷을 벗기면 온몸이 이빨로 된 괴물은?

옥수수 알갱이를 하나씩 뜯어보면 생김새가 꼭 이빨 같아요. 또 옥수수 껍질을 벗기면 이빨을 닮은 옥수수 알이 빽빽하게 붙어 있지요. 그래서 그 모습이 꼭 옷을 벗기면 나타나는 이빨 괴물 같답니다.

상식 옥수수는 나무일까?

나무와 풀은 줄기와 뿌리 부분의 부름켜(형성층)로 구분할 수 있어요. 나무는 부름켜가 있어서 줄기가 굵어지는 식물로, 시간이 지날수록 줄기가 굵어져 갈색의 단단한 기둥이 되지요. 나무의 기둥을 잘라 보면 줄기가 굵어지면서 생긴 무늬인 나이테가 나타나요. 하지만 풀은 키가 아무리 커도 줄기가 굵어지지 않고 갈색의 나뭇가지로 변하지도 않지요.

옥수수는 나무가 아니라 풀이에요. 줄기 끝에서 새 잎이 어긋나게 올라오면서 키가 크지만 줄기는 굵어지지 않거든요. 줄기에 부름켜가 없기 때문이지요. 대나무, 야자나무, 바나나도 나무처럼 보이지만 역시 풀이랍니다.

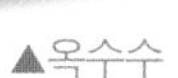
▲옥수수

옥수수는 볏과에 속하는 외떡잎식물로, 원산지는 볼리비아와 멕시코 등 남아메리카의 고지대예요. 중국을 거쳐 우리나라로 들어와 강원도 등에서 많이 기르고 있지요. 그래서 강원도에는 옥수수로 만든 음식이 많아요.

하나 더! 녹색 옷을 벗기면 노란 병정이 줄지어 있는 것은? 수수놓

식물

옷을 벗을 때마다 우리를 눈물 흘리게 하는 것은?

답 : 양파

양파는 껍질을 까고 또 까도 계속 깔 수 있어요. 그 모습이 옷을 많이 껴입고 있다가 계속 벗는 것처럼 보여요. 양파가 옷을 한 겹씩 벗을 때마다 우리는 눈이 매워서 눈물을 흘리게 되지요. 양파 세포 속에 눈물을 흘리게 하는 성분이 있는데, 껍질을 벗길 때마다 그 성분이 공기 중으로 나와 우리 눈을 자극하기 때문이에요.

상식 눈물을 흘리지 않고 양파를 써는 방법이 있을까?

양파를 썰 때 눈물을 흘리지 않으려면, 양파 세포 속의 눈을 맵게 하는 성분이 밖으로 나오지 못하게 막아야 해요.

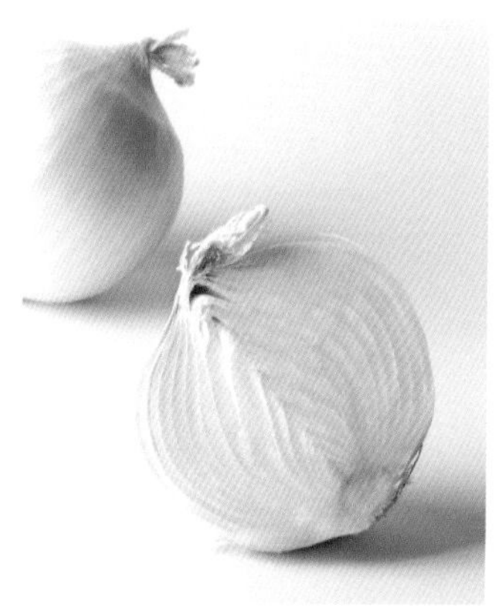
▲양파

양파를 물속에 담근 채 썰거나 흐르는 물 아래에 두고 썰면, 양파 세포 속에 있는 매운 성분이 공기 중으로 퍼지지 않아 눈물이 나오지 않아요. 양파를 물에 담갔다 썰거나 냉장실에 넣어 두었다가 썰어도 좋아요.

아주 잘 드는 날카로운 칼로 썰어도 비슷한 효과가 있어요. 날카로운 칼로 썰면 세포가 다치지 않아서 세포 속 매운 성분이 밖으로 나오지 않기 때문이에요. 도마 옆에 촛불을 켜 두어도 효과가 좋아요. 촛불을 켜면 주위의 공기가 불꽃 쪽으로 올라가면서 양파의 매운 성분도 공기와 함께 위로 올라가거든요. 그 순간 열에 약한 양파의 매운 성분이 분해되어 눈물을 흘리지 않게 되지요.

하나 더! 양파를 까면 무엇이 나올까? 롬곡

식물

잘못했을 때 먹는 과일은?

누군가에게 잘못하면 미안하다고 사과를 하지요? 그래서 잘못했을 때 먹는 과일이 사과랍니다. 물론 잘못했을 때 하는 '사과'와 사과나무의 열매인 '사과'는 전혀 다른 말이에요.

상식 과일과 채소는 어떻게 구분할까?

과일은 열매 식물의 씨방이 자란 것으로 껍질을 벗기면 맛있는 살과 씨앗이 나오지요. 씨앗을 심으면 자라서 새로운 열매가 맺혀요. 사과나무의 열매인 사과 속에도 씨앗이 들어 있고, 포도나무의 열매인 포도 속에도 씨앗이 들어 있지요.

잘 익은 과일은 주로 단맛이 나고, 비타민과 무기질 같은 영양소가 많이 들어 있어요. 밤, 잣, 호두 등 견과류도 과일이랍니다.

▲사과

채소는 밭에서 기르는 푸성귀를 통틀어 이르는 말이에요. 채소에는 잎과 줄기를 먹는 채소, 뿌리를 먹는 채소, 열매를 먹는 채소가 있어요. 배추, 상추, 시금치 등은 잎과 줄기를 먹는 채소이고 무, 고구마, 당근 등은 뿌리를 먹는 채소예요. 오이, 호박, 토마토 등은 열매를 먹는 채소랍니다.

채소 가운데에도 과일에 속하는 것이 있어요. 토마토, 오이, 호박 등은 식물의 번식 기관이 자라 열매가 된 것이라서 과일이라고 할 수 있어요. 하지만 밭에서 기르는 푸성귀이기 때문에 채소이기도 하지요.

▲배추

하나 더! 처음에는 보름달, 자르면 반달, 나중에는 그믐달이 되는 것은? 수박

식물

저축을 좋아하는 사람이 좋아하는 나무는?

답 : 은행나무

은행은 저축을 하는 곳이에요. 그러니 저축을 좋아하는 사람이 가장 좋아하는 나무는 이름에 '은행'이 들어간 은행나무이겠지요. 물론 돈을 저축하는 곳인 '은행'과 은행나무의 '은행'은 소리만 같을 뿐 뜻은 전혀 달라요. 은행나무의 열매인 은행은 딱딱한 껍데기 속에 고소한 살이 꽉 차 있답니다.

상식 은행나무는 왜 살아 있는 화석이라고 불릴까?

화석은 오래전에 살았던 동식물의 흔적이 돌에 남은 것이에요. 화석으로 남아 있는 동식물은 대부분 수억 년 또는 수천만 년 전에 살다가 사라졌거나 다른 모습으로 진화해서 현재는 볼 수 없지요. 그러나 어떤 동식물들은 화석 속 모습과 지금 모습이 거의 비슷해요. 이런 동식물을 살아 있는 화석이라고 해요. 은행나무도 살아 있는 화석 가운데 하나예요.

은행나무는 약 2억 5,000만 년 전에 지구에 나타났고, 추운 빙하기에도 살아남아 지금까지 옛날 모습을 거의 그대로 유지하고 있어요. 생명력이 무척 강해서, 제2차 세계 대전 당시 일본의 히로시마에 원자폭탄이 떨어졌을 때에도 살아남은 은행나무가 있을 정도랍니다.

▼은행잎 화석

은행나무는 수명도 엄청 길어서 경기도 용문사에는 신라의 마의태자가 심었다는 은행나무가 아직까지 살아 있어요. 우리나라에서 가장 큰 이 은행나무의 나이는 약 1,100살이랍니다.

하나 더! 나이를 먹을수록 늘어나는 것은?

동물

제비는 제비인데 땅에서만 다니는 제비는?

답 : 족제비

제비는 하늘을 나는 새이고, 족제비는 땅에 사는 포유류예요. 제비는 여름을 우리나라에서 보내는 철새로, 흥부에게 박씨를 물어다 준 옛날이야기로 유명하지요. 땅에서 사는 제비인 족제비는 숲이나 집 주변, 개울가 등에 살면서 쥐, 개구리, 작은 새, 새알, 물고기 등을 잡아먹어요. 병아리나 닭처럼 집에서 키우는 작은 가축을 잡아먹기도 해요.

상식 족제비의 몸집은 얼마나 클까?

족제비는 사냥을 무척 잘하는 육식 동물이지만 몸집이 큰 편은 아니랍니다. 가장 작은 무산쇠족제비는 머리와 몸통을 합친 길이가 12~18센티미터, 몸무게는 70그램 정도예요. 쥐보다 별로 크지 않지요. 하지만 행동이 매우 재빨라서 들쥐 굴까지 쫓아 들어가 사냥을 한답니다. 무산쇠족제비 수컷은 하루에 들쥐를 다섯 마리나 잡아먹을 정도로 먹성이 좋아요.

족제비 가운데 가장 큰 종류는 아마존 강에 사는 왕수달이에요. 왕수달은 몸길이가 1.5미터, 몸무게는 34킬로그램까지 나가요. 반면에 우리나라에 사는 수달은 보통 몸길이 50~70센티미터, 몸무게 10킬로그램을 넘지 않아요. 수달은 족제비과 동물들 가운데 성격이 가장 온순하지요. 우리나라에서는 수달을 천연기념물로 지정해서 보호하고 있어요.

▲족제비

 **하나 더!** 제비는 제비인데 맛있는 제비는? 수제비

동물

집을 늘 등에 지고 다니는 것은?

튼튼한 벽돌집을 지었는데 이사를 가야 해.

아까우면 집을 지고 가면 되지.

달팽이는 등에 딱딱한 껍데기를 지고 다녀요. 그 모습이 꼭 집을 지고 다니는 것 같지요. 달팽이의 껍데기는 실제로 집과 비슷한 역할을 해요. 추운 겨울이 오면 달팽이는 껍데기 속으로 들어가 몸이 얼지 않게 하고, 위험한 일이 생겨도 껍데기 속에 몸을 숨기지요. 달팽이 가운데에는 껍데기 없이 물컹하고 미끈한 몸만 있는 민달팽이도 있어요.

상식 달팽이는 어떻게 단단한 껍데기를 만들까?

달팽이는 상추나 배추 등 식물의 이파리를 좋아해요. 그리고 단단한 껍데기를 만들기 위해 바위나 돌도 먹는답니다. 달팽이의 껍데기는 탄산칼슘이라는 성분으로 만들어져요. 달팽이는 바위나 돌을 먹어서 껍데기를 만드는 데 필요한 탄산칼슘을 섭취하지요. 탄산칼슘을 충분히 먹지 못하면 껍데기가 약해져서 상처가 나도 쉽게 아물지 않아요.

달팽이의 껍데기에 상처가 나면 껍데기 안에 있는 얇은 막이 메워 주지요. 이 얇은 막을 외투막이라고 해요. 외투막은 껍데기를 만드는 일을 해요. 민달팽이는 두꺼운 외투막이 몸을 둘러싸고 있어요. 껍데기가 없는 대신 발의 앞 끝에서 점액을 더 많이 내뿜어 몸을 보호하지요.

▲달팽이

하나 더! 등에 산봉우리를 지고 다니는 것은? 낙타

가슴의 무게는?

계절에 상관없이 항상 피는 꽃은?

고슴도치가 동굴 속에 들어가 거품을 내며 목욕하는 것은?

귀는 귀인데 못 듣는 귀는?

깨는 깨인데 못 먹는 깨는?

넓은 벌판 가운데 웅덩이가 있는 것은?

눈은 눈인데 볼 수 없는 눈은?
눈을 감아야 보이는 것은?
똥의 성은?
먹으면 먹을수록 더 많아지는 것은?
바로 앞에 있어도 안 보이는 것은?
사람과 쌀에게는 있는데 지렁이에게는 없는 것은?

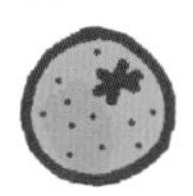

손에 쥐고 다니는 금은?
솔밭 속에 거님길(산책로) 하나 난 것은?
씨앗도 안 뿌렸는데 나서 자라는 것은?
우리 몸에 사는 세균들의 최고 우두머리는?
타면 탈수록 더 떨리는 것은?

인체

가슴의 무게는?

숙제 검사를
하겠어요.
네!

숙제를 안 했는데
어쩌지?
텅!

선생님한테
혼날 텐데.

돌덩이를 얹은 것처럼
가슴이 무거워.
쿵쿵쿵!
지금 몸무게 재면
엄청 많이 나오겠다.

맞아, 가슴의
무게까지 더하니까
엄청 무거울 거야.

몰라
몰라
그런데
가슴의 무게는
얼마지?

두근두근은 놀라거나 설렐 때 가슴이 쿵쿵 뛰는 것을 나타낸 말이에요. 그래서 가슴의 무게를 두근두근 또는 두 근과 두 근을 합쳐서 네 근이라고 하지요. '근' 은 옛날 우리나라에서 무게를 재는 단위로 쓰였어요. 두근두근의 '근' 과 무게를 재는 단위인 '근' 은 소리만 같을 뿐 뜻은 달라요. '근' 을 현대의 미터법으로 바꾸면 600그램, 또는 375그램이랍니다. 상품이나 지방에 따라 '근' 의 무게가 다르게 쓰였기 때문이에요.

심장은 얼마나 빨리 뛸까?

우리 몸속에 있는 심장은 무게 350~600그램인 둥그스름한 근육 덩어리예요. 무척 튼튼하고 힘센 근육으로 이루어져 있어서, 사람이 살아 있는 동안 단 한 번도 멈추지 않고 온몸에 혈액을 내보내요. 하루 평균 약 10만 번 뛰고, 70세를 기준으로 할 때 평생 동안 약 26억 번 뛴다고 해요. 또한 1분에 약 5리터의 피가 심장을 거쳐 온몸을 돌고 심장으로 돌아오지요.

심장은 마음이 편안할 때에는 천천히 뛰고, 화를 내거나 스트레스를 받을 때에는 아주 빨리 뛰어요. 심장이 뛰는 데에는 감정도 영향을 끼치기 때문이에요.

 **하나 더!** 눈이 아니라 손으로 보는 것은? 점자

인체

계절에 상관없이 항상 피는 꽃은?

흔히 예쁘고 아름다운 것을 꽃에 비유해요. 웃음꽃도 꽃이 피어나듯 환하고 즐겁게 웃는 웃음을 꽃에 비유한 것이지요. 꽃보다 아름다운 웃음꽃은 계절에 상관없이 언제나, 어디서나, 누구나 피울 수 있는 가장 아름다운 꽃이에요. 그래서 옛사람들은 "한 번 웃으면 한 번 젊어진다." 또는 "웃는 집에 만복이 든다."라고 했지요.

상식 기쁘고 슬픈 감정은 어떻게 느끼게 될까?

우리가 느끼는 감정은 크게 여섯 가지로 분류할 수 있어요. 행복, 슬픔, 분노, 두려움, 놀라움, 역겨움이지요. 우리는 이 감정들을 따로따로 또는 뒤죽박죽 섞어서 느끼면서 울기도 하고, 웃기도 하지요. 우리가 이런 감정을 느낄 수 있는 것은 바로 뇌 덕분이에요.

뇌에서도 감정을 담당하는 부분은 변연계라는 부분이지요. 변연계에서 기쁨을 느끼면 도파민이라는 신경 전달 물질이 분비되어, 우리는 방방 뛰고 소리를 지르며 흥분하게 돼요. 흥분이 지나치다 싶으면 세로토닌이라는 신경 전달 물질이 나와서 진정시켜 주지요.

감정을 느낄 때면 몸에도 변화가 생겨요. 예를 들어 생명의 위협을 느끼게 되면 심장이 심하게 두근거리거나 숨을 헐떡이기도 하고, 머리카락이 곤추서거나 소화가 잘 안 되기도 하지요.

하나 더! 시들지 않고 평생 그대로인 꽃은? 웃음꽃

인체

고슴도치가 동굴 속에 들어가 거품을 내며 목욕하는 것은?

답 : 양치질

칫솔은 고슴도치처럼 털이 뾰족뾰족 솟아 있어요. 우리가 양치질을 할 때면 동굴처럼 컴컴한 입속으로 들어가 치약 거품을 내지요. 그 모습이 마치 고슴도치가 동굴 속에서 거품 목욕을 하는 것 같아요. 진짜로 고슴도치가 동굴 속에서 거품 목욕을 하느냐고요? 그렇지는 않답니다.

상식 칫솔질만 열심히 하면 충치가 생기지 않을까?

치약을 묻혀 칫솔질을 열심히 하면 충치가 전혀 생기지 않을까요? 그렇지 않아요. 칫솔질만으로는 이의 표면에 끼는 치태를 완전히 없앨 수 없답니다. 젤라틴 형태인 치태는 세균이나 침 등으로 이루어져 있어요. 흔히 치약이나 칫솔 선전에서 '플라크'라고 하는 것이 바로 치태이지요. 치태를 깨끗이 없애지 않으면 이 사이에 계속 쌓여서 충치가 생기기도 하고, 잇몸에 피가 나는 잇몸병이 생기기도 해요.

치태를 깨끗이 없애려면 올바른 칫솔질은 물론이고, 이와 이 사이의 치태를 닦아 내는 치실, 입 안을 헹궈 내는 양치액, 물의 압력을 이용해서 이 사이의 찌꺼기를 없애고 잇몸을 마사지하는 수압 세정기 등 다양한 도구를 이용하는 것이 좋아요.

인체

귀는 귀인데 못 듣는 귀는?

내일 뭐 해?

응?
내려가자고?

아니,
내일 뭐
하느냐고.

조금 있다
내려가자.

아이고! 답답해.
넌 귀가 있어도
못 듣니?

뼈다귀는 뼈를 낮잡아 부르는 말이에요. 뼈는 소리를 듣는 기관이 아니므로 뼈다귀는 당연히 소리를 듣지 못하지요. 소리를 듣는 기관은 귀예요. 사람의 귀는 얼굴의 양쪽에 하나씩 붙어 있어서 모든 방향에서 나는 소리를 골고루 잘 들을 수 있지요.

상식 귀 가까이에서 큰 소리가 나면 정말 고막이 터질까?

아주 큰 소리가 나면 흔히 "고막이 터지겠다."라고 말하지요. 고막은 귓구멍 속에 있는 얇고 투명한 막이에요. 고막은 워낙 작고 얇아서, 폭탄이 터지는 것과 같은 큰 소리를 듣거나 머리를 세게 부딪치는 것 같은 충격을 받으면 터지거나 찢어지기 쉬워요. 중이염에 걸려도 고막이 상할 수 있어요. 하지만 조금 다친 고막은 대부분 저절로 치료되지요.

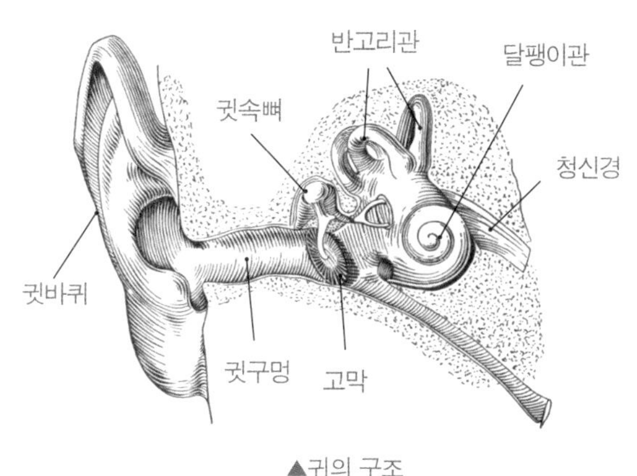

▲귀의 구조

고막은 소리를 듣는 데 중요한 역할을 해요. 소리는 공기가 떨리는 진동이에요. 귓구멍 속으로 들어온 소리의 진동은 고막을 앞뒤로 떨게 만들어요. 그러면 고막에 붙은 귓속뼈가 달팽이관 안에 있는 털 세포로 소리의 진동을 전하고, 청신경이 소리 신호를 뇌로 전달해서 소리를 듣게 되지요.

하나 더! 귀는 귀인데 걸어다니는 귀는? 당나귀

인체

깨는 깨인데 못 먹는 깨는?

답 : 주근깨

주근깨는 얼굴에 생기는 작고 검은 얼룩이에요. 꼭 깨를 뿌려 놓은 것처럼 갈색의 작은 얼룩이 점점이 뿌려져 있지요. 주근깨는 피부가 흰 사람들에게 잘 생겨서 백색 인종에게 많아요. 하지만 우리나라 사람들이 주근깨, 기미, 점 등 피부에 생기는 잡티를 몹시 싫어하는 것과 달리, 대부분의 백색 인종은 주근깨를 싫어하지 않는답니다.

점과 주근깨는 어떻게 다를까?

점과 주근깨는 모두 멜라닌 색소 때문에 생기는 검은 얼룩이에요. 멜라닌 색소는 동물의 조직에 있는 검은색이나 흑갈색의 색소이지요.

주근깨는 주로 유전적인 원인으로 생겨요. 주근깨 유전자를 가지고 태어난 사람은 이마, 콧등, 뺨, 어깨, 손등, 팔 등에 갈색 주근깨가 생기지요. 주근깨는 피부 위쪽에 멜라닌 색소가 모여 만들어지는데, 마치 깨를 뿌려 놓은 듯 여러 개가 한꺼번에 생겨요. 스트레스를 많이 받거나 햇볕을 지나치게 많이 쬐어도 생기지요. 그리고 점은 멜라닌 색소가 한곳에 많이 모여서 생겨요.

점과 주근깨를 막으려면 햇볕을 적게 쬐는 것이 좋아요. 햇볕을 쬐면 멜라닌 색소가 짙어져서 점과 주근깨의 색깔이 더욱 짙어지거든요.

 **하나 더!** 씨는 씨인데 심어도 안 나는 씨는? 마음씨

인체

넓은 벌판 가운데 웅덩이가 있는 것은?

답 : 배꼽

배는 약간 솟아올라 있어요. 그 모습이 둥근 벌판 같아요. 이 벌판 한가운데에는 쏙 들어간 동그란 배꼽이 있지요. 마치 넓은 벌판 가운데 파인 웅덩이처럼 말이에요. 하지만 그 웅덩이에는 물이 고여 있지 않답니다.

상식 배꼽은 어떻게 생겼을까?

사람의 아기는 엄마 배 속에서 생겨서 열 달 동안 자란 뒤 태어나지요. 배 속에 있는 동안 아기는 탯줄로 엄마와 연결되어 있어요. 탯줄은 새끼손가락 굵기만 한 관으로 길이는 50센티미터쯤 되어요. 탯줄 속에는 세 개의 핏줄이 있는데, 아기는 이 핏줄을 통해 엄마에게서 영양분과 산소를 받고, 제 몸에서 나온 찌꺼기를 엄마 몸으로 내보내지요.

아기가 태어나면 탯줄은 쓸모가 없어져요. 이제 스스로 숨을 쉬고, 젖을 빨고, 찌꺼기는 똥으로 내보낼 수 있으니까요. 그래서 아기가 태어나면 탯줄을 잘라 배에 묶어 놓아요. 일주일쯤 지나면 탯줄은 저절로 말라 떨어지는데, 그 자리가 배꼽이 되지요.

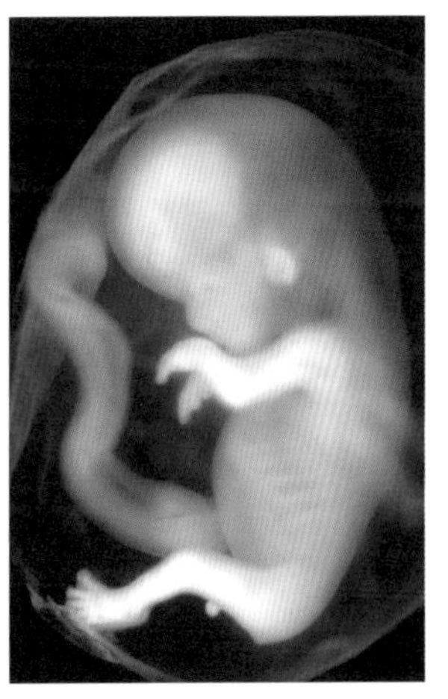
▲엄마와 탯줄로 연결된 태아예요.

배꼽은 엄마 몸속에서 자라 태어나는 동물인 포유류에게만 있어요. 알에서 태어나는 조류나 파충류에게는 배꼽이 없지요.

인체

눈은 눈인데 볼 수 없는 눈은?

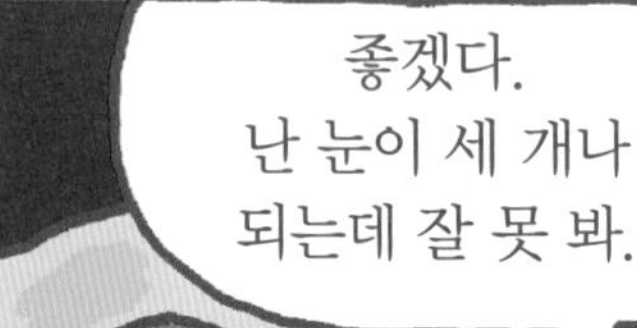

티눈은 피부에 각질이 많아져서 원뿔 모양으로 박힌 것을 말해요. 누르면 속의 신경이 자극을 받아 아파요. 티눈을 깎으면 가운데 핵이 보이지요. 티눈은 사람의 눈, 새의 눈, 곤충의 눈과 같은 '눈'으로 끝나지만 아무것도 볼 수 없는 눈이랍니다.

상식 티눈은 왜 생길까?

티눈은 피부가 오랫동안 눌리거나 자극을 받아 생겨요. 주로 손과 발에 잘 생기는데, 오래 걷거나 맞지 않는 신발을 신으면 발바닥 피부가 자극을 받아 발에 티눈이 생기지요. 또 오랫동안 글씨를 쓰거나 단순한 작업을 오래 되풀이하면 손에 티눈이 생기기도 해요.

티눈은 누르면 매우 아파요. 발바닥에 티눈이 생길 경우, 심하면 걷기 힘들 정도로 아프지요. 굳은살도 비슷한 원인으로 생기지만 티눈보다 더 넓은 부위에 생겨요. 또 티눈처럼 아프지 않고 핵도 없지요.

발바닥에 생긴 사마귀는 티눈과 비슷해 보여요. 하지만 이 사마귀는 바이러스에 감염되어 생긴 것으로 다른 사람에게 전염될 수 있지만 티눈은 전염되지 않아요.

인체

눈을 감아야 보이는 것은?

답 : 꿈

눈을 감아야 잠을 잘 수 있고, 잠을 자야 꿈을 꿀 수 있어요. 사람들은 누구나 꿈을 꾸지만 잠에서 깨어났을 때 모두 꿈을 기억하는 것은 아니에요. 최근 연구 결과에 따르면 사람처럼 잠을 자는 포유류, 조류, 파충류도 꿈을 꾼다고 해요. 하지만 어류나 곤충은 사람처럼 잠을 자지 않기 때문에 꿈을 꾼다고 보기 어렵답니다.

상식 꿈은 왜 꿀까?

우리가 잠을 잘 때면 깊은 잠과 얕은 잠이 되풀이되지요. 꿈은 얕은 잠을 잘 때 꾸는 거랍니다. 사람은 하룻밤에 약 6차례 얕은 잠에 빠져요.

꿈은 뇌에서 일어나는 작용이에요. 뇌는 우리가 자는 동안에도 깨어 있으면서 하루의 기억을 정리하지요. 이 과정에서 꾸는 것이 꿈이랍니다. 우리는 잠자는 시간의 반은 꿈을 꾸어요. 하지만 깨어나면 꾼 꿈의 일부만 생각나지요. 꿈을 꾸지 않는 사람은 없어요. 깨어나서 기억하지 못할 뿐이에요.

꿈을 꾸는 동안 우리는 몸을 움직일 수 없어요. 뇌가 근육으로 가는 신호를 막기 때문이에요. 만약 꿈을 꾸는 동안 움직일 수 있다면 우리는 꿈속에서 하는 대로 걷고, 높은 곳을 오르고, 높은 데에서 뛰어내리려고 할지도 몰라요.

하나 더! 자리는 자리인데 깔지 못하는 자리는? 잠자리

똥의 성은?

네 이름이
무엇이냐?
웩!~
똥이에요.
저요?
어허, 어른이
묻는데 제대로
대답해야지.
똥입니다요.
냄새도
좀 나지요.
이 녀석아, 어른이
이름을 물으면
성까지 대답해야지.
성이라고요?
똥의 성이
뭔데요?
답 : 응가

아기들은 똥을 '응가'라고 해요. '가'는 성씨를 부를 때 쓰는 말과 소리가 같지요. 옛날에는 이름이 홍길동이라면, 자신을 소개할 때 "성은 홍가이고 이름은 길동입니다."라고 했답니다. 지금도 누군가 성씨를 물으면 자기의 성에 '가'를 붙여 대답하는 게 맞아요. 홍길동이라면 "홍가입니다."라고 대답해야 하지요.

똥은 왜 갈색일까?

하얀 밥을 먹어도, 빨간 토마토소스 스파게티를 먹어도, 갈색 빵을 먹어도 똥 색깔은 늘 갈색 비슷해요. 똥에 갈색 물이 들었기 때문이에요.

똥에 물을 들인 것은 쓸개즙이에요. 쓸개즙은 소화를 돕는 효소인데, 간에서 만들어져 쓸개에 저장되었다가 작은창자로 나오지요. 이 쓸개즙의 색이 녹황색이에요. 그래서 큰창자 속의 음식물 찌꺼기에 녹황색 쓸개즙 물이 들면 갈색 비슷한 똥 색깔이 돌지요.

우리가 먹은 음식은 하루 정도 지나면 똥이 되어 나와요. 밥을 먹자마자 똥이 마려운 경우는 어떻게 된 거냐고요? 이때 나오는 똥은 어제 먹은 음식의 찌꺼기가 나오는 것이랍니다.

하지만 물처럼 묽은 똥인 설사를 할 경우에는 달라요. 몇 시간 전에 먹은 음식의 찌꺼기가 나오는 것이지요. 우리 몸이 나쁜 것을 빨리 내보내려고 설사를 하는 것이거든요.

 **하나 더!** 비는 비인데 아주 고통스러운 비는? 비명

먹으면 먹을수록 더 많아지는 것은?

"나이를 먹다."의 '먹다'는 "음식을 먹다."의 '먹다'와 같은 뜻이에요. '먹다'는 입으로 음식을 먹어 배 속에 넣는 행동을 말하지요. 음식을 먹으면 먹을수록 남은 음식의 양은 점점 줄어들어요. 그런데 반대로 나이는 먹으면 먹을수록 많아지지요. 아무리 애를 써도 줄일 수는 없고, 먹고 싶지 않아도 세월이 가면 한 살씩 꼬박꼬박 저절로 먹게 되는 것이 나이예요.

상식 떡국과 나이는 무슨 상관이 있을까?

옛날부터 새해 첫날인 설날 아침이면 꼭 떡국을 먹었어요. 떡국을 먹어야 "한 살을 먹는다."라고 했지요. 그래서 떡국을 몇 그릇 먹었느냐는 말은 몇 살이냐는 말과 같은 뜻으로 쓰였어요.

떡국은 멥쌀로 만든 가래떡을 둥글게 썰어서 장국에 넣어 끓이는 음식이에요. 국물을 낼 때에는 주로 닭고기, 꿩고기, 소고기 등을 넣지요. 하지만 아주 옛날에는 깨끗한 물에 장만 탄 뒤 떡을 넣어 말갛게 끓였대요.

설날에는 차례 상에 밥 대신 떡국을 올려요. 그래서 설날 차례를 떡국차례라고 부르기도 하지요.

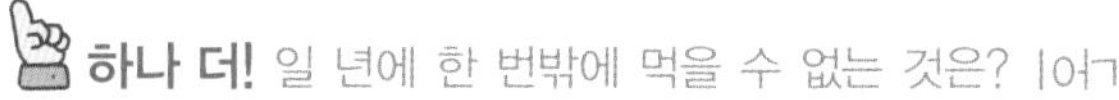

인체

바로 앞에 있어도 안 보이는 것은?

흔히 "눈앞에 있다."라는 말을 하지요. 이 말은 눈의 바로 앞에 있다는 뜻이기도 하고, 아주 가까운 곳에 있다는 뜻이기도 해요. 눈과 가장 가까운 곳에 있는 것은 눈썹이에요. 하지만 바로 눈 위에 붙어 있어서 아무리 눈을 크게 뜨고 두리번거려도 볼 수 없어요. 거울에 비춰 볼 때에만 볼 수 있지요. 그래서 바로 앞에 있어도 안 보이는 것은 눈썹이랍니다.

상식 눈썹은 무슨 일을 할까?

눈 위쪽에 달려 있는 눈썹은 눈을 보호하는 역할을 해요. 반달 모양으로 생긴 눈썹은 이마에서 땀이나 빗물이 흘러내릴 때 눈으로 물이 들어가지 않도록 방향을 바꾸어 주지요. 눈썹은 눈보다 더 튀어나와 있어서 강한 햇볕이 눈으로 바로 내리쬐는 것도 막아 주어요.

눈썹은 머리카락과 같은 털이지만 머리카락처럼 길지 않아요. 눈썹의 수명은 한 달 정도로 짧거든요. 한 달이 지나면 있던 눈썹이 빠지고 새 눈썹이 나지요.

속눈썹도 눈을 보호하는 역할을 해요. 속눈썹은 무척 예민해서 먼지 같은 이물질과 접하면 재빨리 아래위의 눈꺼풀을 닫아서 눈동자를 보호하지요. 위 눈꺼풀의 속눈썹이 아래 눈꺼풀의 속눈썹보다 수도 많고 길이도 길답니다.

하나 더! 눈 올 때 웃는 웃음은? 뭉소둑

인체

사람과 쌀에게는 있는데 지렁이에게는 없는 것은?

우리 귀여운 지렁이야,
다리는 쓸모가 없단다.

곡 : 目

지렁이에게는 눈이 없어요. 어두운 땅속에서 살기 때문에 눈을 쓸 필요가 없으니까 사라진 것이지요. 하지만 지렁이도 빛을 느낄 수는 있어요. 피부에 빛을 느끼는 세포가 많거든요. 어두운 것을 좋아하는 지렁이는 빛을 느끼면 땅속으로 기어 들어가지요.

사람은 눈이 두 개예요. 사람은 여러 가지 감각 가운데서도 눈으로 보는 시각의 영향을 가장 많이 받아요. 그리고 쌀에는 눈이 하나 있어요. 바로 쌀눈이지요. 쌀눈은 사람의 눈과는 달라요. 쌀눈은 장차 싹이 될 씨눈을 말하지요.

상식 우리 눈은 어떻게 볼 수 있을까?

우리 눈은 카메라처럼 사물을 찍어서 보아요. 눈은 각막, 수정체, 망막, 시신경 등으로 이루어져 있어요. 각막은 빛을 받아들이는 기관인데, 사물이 반사한 빛을 받아들여 약간 꺾어서 수정체로 보내요.

투명한 수정체는 초점을 맞추어 망막에 사물의 모습을 그려내지요. 이 모습이 눈과 연결된 신경을 따라 뇌에 전달되면, 비로소 우리는 무엇을 보았는지 알 수 있어요.

우리 눈은 빛이 있을 때에만 사물을 볼 수 있어요. 눈동자로 들어가는 빛의 양을 조절하는 기관을 홍채라고 하지요. 우리 눈은 밝을 때에는 홍채를 조금 열고, 어두울 때에는 홍채를 많이 열어요. 홍채를 많이 열면 열수록 눈동자가 커져 빛을 많이 받아들일 수 있답니다.

하나 더! 세상을 한꺼번에 덮을 수 있는 것은? 눈꺼풀

인체 손에 쥐고 다니는 금은?

손바닥에 있는 줄무늬가 바로 손금이에요. 비싼 황금은 아니지만 날마다 우리가 손에 쥐고 다니는 금이지요. 사람의 손금은 대부분 큰 금 세 개와 가는 금 여러 개로 이루어져 있어요. 손금의 모양은 오른손과 왼손이 다르고, 다른 사람과는 당연히 다르지요. 그래서 어떤 사람들은 손금을 보고 운명을 점치기도 해요.

상식 손금을 보면 운명을 알 수 있을까?

사람의 손금은 대부분 큰 주름이 세 개예요. 손금을 보고 운명을 점치는 사람들은 세 개의 주름을 각각 생명선, 두뇌선, 감정선이라고 이름 붙이고 주름의 길이, 선명함, 방향 등을 가지고 운명을 이야기하지요.

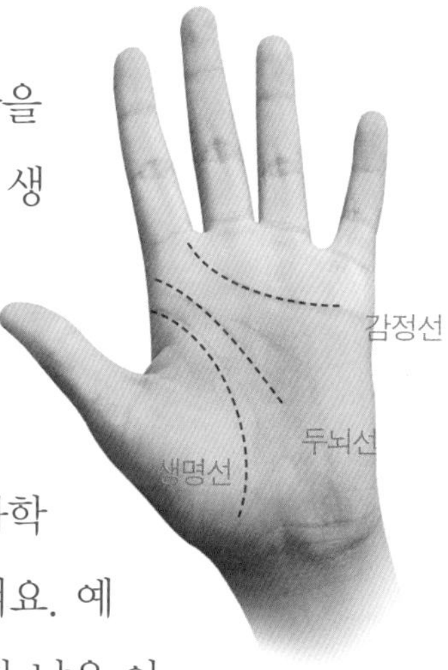

감정선
두뇌선
생명선

▲손금

하지만 손금으로 운명을 알 수는 없어요. 현대 과학에서는 손금이 유전이나 질병과 관계가 있다고 여겨요. 예를 들어 다운증후군 환자나 알코올 의존증인 엄마가 낳은 아기는 손금에 큰 주름이 두 개뿐이지요.

손금은 유인원과 원숭이에게도 있어요. 그런데 이들의 손금에는 큰 주름이 두 개예요. 손금으로 점을 치는 사람들이 두뇌선이라고 부르는 금이 없지요. 하지만 특별한 이상이 없는 보통 사람인데도 손금의 큰 주름이 두 개뿐인 경우도 있어요.

하나 더! 톱은 톱인데 자주 자르고 다듬는 톱은? 손톱

인체

솔발 속에 거님길(산책로) 하나 난 것은?

답 : 가르마

북한말로 거님길은 산책로, 오솔길을 뜻해요. 가르마는 이마에서 정수리까지 머리카락을 양쪽으로 갈랐을 때 생기는 금이지요. '솔밭 속에 거님길'은 소나무처럼 뾰족뾰족 솟은 머리카락 사이로 가르마를 탄 모습을, 소나무가 빽빽하게 서 있는 솔밭 사이로 오솔길이 나 있는 모습에 빗대어 표현한 거예요.

상식 대머리는 왜 생길까?

사람의 머리카락은 하루에도 수십 가닥씩 빠져요. 머리카락은 일정한 주기를 두고 빠졌다 새로 나기를 되풀이하거든요. 그런데 어떤 사람은 머리카락이 빠지기만 하고 새로 나지 않아요. 대머리가 되는 것이지요.

대머리는 젊은 사람보다 나이 든 사람에게서 더 많이 나타나요. 나이를 먹으면 머리카락에 힘이 없어서 한 번 빠지면 잘 나지 않거든요.

젊은데도 스트레스나 병으로 머리카락이 빠져 대머리가 되기도 해요. 그런데 이 경우에는 부모에게서 이어진 유전일 경우가 더 많아요. 아버지가 대머리이면 아들도 대머리가 될 가능성이 높지요.

대머리는 여자보다 남자에게 더 많이 나타나요. 대머리가 되는 성질은 남자에게 더 잘 유전되기 때문이에요.

인체

씨앗도 안 뿌렸는데 나서 자라는 것은?

답 : 머리카락, 수염

식물은 씨앗을 뿌려야 싹이 나서 자라지만 우리 몸에 나는 털은 아무것도 뿌리지 않아도 나서 잘 자란답니다. 우리가 태어날 때부터 피부의 모공에 털의 뿌리인 모근이 있기 때문이지요. 모공은 털이 나는 구멍을 말해요. 털은 모근에서 새로운 세포가 만들어지는 한 계속 나서 자라지요.

그렇게 보면 모근은 우리가 태어날 때부터 가지고 있는 씨앗이라고도 볼 수 있어요. 씨앗과 모근의 다른 점은 씨앗은 한 번 뿌리면 싹도 한 번만 나지만, 모근에서는 계속해서 털이 난다는 거예요.

상식 머리카락은 얼마나 빨리 자랄까?

머리카락은 우리나라 사람 같은 동양 사람의 경우 하루에 약 0.3밀리미터씩 자라요. 약 3~4년이 지나면 그 머리카락은 최대 길이로 길어져요. 그러면 모근이 활동을 멈추고 머리카락은 죽게 되지요. 죽은 머리카락은 모공에 그대로 꽂혀 있다가 약 2개월에서 3개월 뒤 모근이 다시 활동을 시작하면 새 머리카락에 밀려 빠져나가요. 머리카락은 밤보다 낮에 더 많이 자라고 겨울보다 여름에 더 빨리 자란답니다.

머리카락의 개수는 사람마다 다르지만 약 10만 개쯤 되어요. 보통은 기후가 추운 곳에 사는 사람이 더운 곳에 사는 사람보다 머리카락이 더 많아요. 머리가 춥지 않도록 머리카락이 더 빽빽하게 돋아나기 때문이에요.

하나 더! 여자와 아이의 얼굴에는 없는데 남자의 얼굴에만 있는 것은? 수염

인체

우리 몸에 사는 세균들의 최고 우두머리는?

답 : 대장균

흔히 세균이라고 하면 우리 몸을 해치는 나쁜 것으로 생각하지요? 그런데 우리 몸에는 여러 종류의 세균이 살고 있답니다. 특히 큰창자인 대장에는 세균이 아주 많아요. 대장에 사는 세균을 대장균이라고 하지요. 우두머리를 뜻하는 '대장'과 소리가 같아서 세균의 우두머리를 '대장균'이라고 하는 것이랍니다. 그러나 대장균이 세균들 가운데 가장 힘이 세거나 가장 나쁜 병을 일으키지는 않아요.

상식 대장균은 몸에 해롭지 않을까?

대장균은 비타민 K를 합성해서 만들고, 다른 나쁜 질병을 일으키는 세균이나 밖에서 들어온 세균이 대장에서 자라지 못하게 막아 주는 역할을 해요.

대장균은 대장 안에만 머물며 몸의 다른 부분으로 나가지 않아요. 그래서 우리 몸에 해를 끼치지 않지요. 대장균이 우리 몸에서 밖으로 나가는 유일한 방법은 똥에 섞여서 나가는 거예요. 똥의 3분의 1을 대장균이 차지하거든요. 똥의 나머지 부분은 끝까지 소화되지 않은 음식물 찌꺼기와 물이랍니다.

그런데 대장균이 우리 몸에 해를 끼칠 때도 있어요. 예를 들어, 혹시라도 창자에 구멍이 뚫려 배 속으로 세균이 들어가기라도 하면 병을 일으킬 수도 있거든요. 즉, 대장 안에서 정상적으로 사는 대장균은 해롭지 않지만 어떤 특정한 조건이 되면 병을 일으켜 우리 몸에 해를 끼치기도 해요.

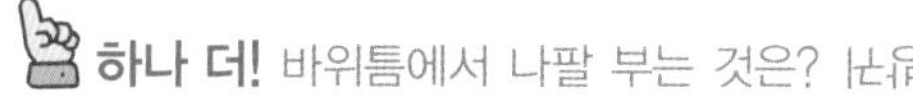

인체

타면 탈수록 더 떨리는 것은?

'타다'는 자동차를 '타다', 불꽃이 '타다', 용돈을 '타다', 커피를 '타다', 추위를 '타다' 등 여러 가지 뜻을 가지고 있어요.

타면 탈수록 떨리는 것은 추위예요. 차를 타고 울퉁불퉁한 길을 달려도 몸이 떨리지만 타면 탈수록 더 떨리는 것은 아니지요. 하지만 추위는 추우면 추울수록 점점 더 떨리기 때문에 타면 탈수록 떨리는 것이지요.

추우면 왜 몸이 떨릴까?

우리 몸은 늘 36.5도 정도로 체온을 유지해요. 우리가 먹는 음식을 이용해서 스스로 몸에 열을 만들어 체온을 유지하지요.

그런데 날씨가 추우면 우리 몸은 바깥의 찬 공기에 자꾸 열을 빼앗겨 체온이 떨어지게 되지요. 그러면 체온을 올리기 위해 뇌가 근육에게 덜덜 떨라고 명령을 내려요. 가슴부터 다리, 몸 전체를 덜덜 떨면서 체온을 올리는 거예요. 날씨가 추우면 추울수록 더 많이 떨리는 것도 체온이 떨어질수록 근육이 더 빨리 움직이기 때문이지요.

오줌을 싸고 나서 몸을 덜덜 떠는 것도 같은 이유예요. 따뜻한 오줌이 밖으로 빠져나가는 순간 체온이 떨어지지요. 그래서 부르르 몸을 떨어서 체온을 올리는 것이랍니다.

**하나 더!** 뜰에 나가 열심히 구덩이를 파면 뭐가 나올까? 땀

거꾸로 자라는 것은?

마셔도 마셔도 배부르지 않은 것은?

머리를 풀고 하늘로 올라가는 것은?

못은 못인데 박지 못하는 못은?

밤에는 아무리 찾아도 찾을 수 없는 것은?

밤에만 외출하고, 나올 때마다 모습이 변하는 것은?
산에 숨어서 남의 흉내만 내는 것은?
세상에서 가장 빠른 개는?
손도 발도 없는데 나들이문(현관문)을 여는 것은?
아침에는 키가 컸다가 낮이 되면 작아지는 것은?
어두울수록 더 잘 보이는 것은?

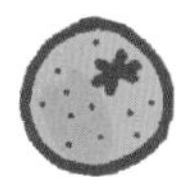

우리가 하루 세 번 먹는 풀은?
하늘에 있는, 세상에서 가장 아름다운 개는?
해만 보면 우는 것은?
햇볕을 쬐면 죽는 사람은?

자연

거꾸로 자라는 것은?

와! 조금만 더 자라면 하늘에 닿겠네.
나도 얼른 자라서 하늘과 가까워지고 싶어요.

뭐든지 자라면 하늘과 가까워지는 거죠?
꼭 그렇지는 않아.

자라면 자랄수록 땅과 가까워지는 것도 있지.
엉?

그럼 거꾸로 자란단 말이에요?

맞아, 거꾸로 자라서 점점 땅과 가까워지는 것은?
?
답 : 뿌리

나무는 하늘을 향해 자라고, 어린이의 키도 위로 자라지요. 우리가 자란다고 하는 것들은 거의 위로 자라서 하늘과 가까워져요. 하지만 고드름은 지붕 끝에서 땅을 향해 아래로 길게 자란답니다. 지붕 위의 눈이 녹아 처마 밑으로 흘러내리다가 추위에 꽁꽁 얼면서 생기거든요. 그래서 고드름은 거꾸로 자란다고 할 수 있어요.

상식 얼음과 드라이아이스는 어떻게 다를까?

고체인 얼음을 녹이면 액체인 물이 되어요. 물을 끓이면 기체인 수증기가 되고요. 그런데 고체 상태의 드라이아이스는 녹아도 액체가 되지 않고 바로 기체가 되어 날아가 버려요. 기체인 이산화탄소를 얼려 만든 것이기 때문이에요.

▲드라이아이스

얼음은 만지면 차갑지만 드라이아이스는 화끈화끈해요. 드라이아이스의 표면 온도는 무려 영하 78.5도나 되거든요. 굉장히 차가워서 만지자마자 우리 피부는 동상에 걸려 화끈거리고 아프지요.

아이스크림을 사면 녹지 말라고 드라이아이스를 같이 넣어 포장해 주지요. 그 이유는 드라이아이스가 고체에서 기체로 변할 때 주위의 열을 빼앗는 성질을 가지고 있기 때문이에요. 그래서 드라이아이스와 아이스크림을 같은 봉지에 넣으면 드라이아이스가 녹으면서 주위의 열을 빼앗아 아이스크림이 녹지 않게 해 준답니다.

 **하나 더!** 머리를 땅에 박고 거꾸로 서 있는 것은? 나무

자연

마셔도 마셔도 배부르지 않은 것은?

우리는 날마다 숨을 쉬어요. 70세를 기준으로 평생 동안 약 5억 5,000번이나 숨을 들이마시고 내쉬지요. 그때마다 우리는 공기를 들이마셔요. 하지만 공기를 아무리 많이 마셔도 배가 부르지는 않아요. 배가 부르려면 음식이 위에 들어가야 하지요. 공기는 폐로 들어가서 우리 몸에 산소를 전해주어요. 폐로 들어온 산소는 혈액 속으로 들어가 우리 몸을 이루는 세포로 전달되지요.

우리는 어떻게 숨을 쉴까?

아기는 엄마 배 속에서 탯줄로 산소를 공급받아요. 그리고 태어나자마자 배우지 않아도 자연스럽게 숨을 쉬지요.

우리는 코와 폐로 숨을 쉬어요. 코에서 콧물과 코털 등으로 세균과 먼지를 걸러낸 깨끗한 공기는 기관으로 보내져요. 기관이 양쪽 폐로 이어진 기관지에 공기를 전달하면, 기관지의 양쪽 끝에 있는 폐 속의 작은 공기주머니인 폐포에서 진짜 호흡이 이루어지지요.

폐포는 아주 가는 실핏줄로 둘러싸여 있어요. 산소도 이 실핏줄을 통해 세포로 들어가고 찌꺼기인 이산화탄소도 이 실핏줄을 통해 세포 밖으로 나와 기관지, 기관, 코를 거쳐 몸 밖으로 나간답니다.

하나 더! 가장 귀중하지만 공짜로 얻을 수 있는 것은? 공기

머리를 풀고 하늘로 올라가는 것은?

답 : 연기

옛날에는 아궁이에 불을 때서 밥을 지었는데, 그때마다 하얀 연기가 굴뚝으로 빠져나가 하늘로 흩어졌지요. 그 모습이 꼭 흰옷을 입은 여자가 머리를 풀고 하늘로 올라가는 것 같았다고 해요. 담배 연기처럼 가느다란 연기가 아니라, 굴뚝에서 워낙 많은 연기가 나오다 보니 흰옷 입은 여자가 머리를 풀고 올라가는 느낌을 더 강하게 주었겠지요.

상식 비 오는 날에는 연기가 왜 낮게 깔릴까?

연기는 위로 올라가면서 흩어져 사라져요. 그런데 비가 오는 날에는 연기가 높이 올라가지 못하고 낮게 깔리는 것처럼 보여요. 실제로 발전소 굴뚝에서 나오는 연기를 보면, 맑은 날에는 하늘 높이 올라가 금방 흩어지기 때문에 눈에 잘 띄지 않다가 비 오는 날에는 아주 잘 보이지요. 하얀 연기가 굴뚝에서 나와 높이 올라가지 못하고 옆으로 흐르는 것 같거든요.

비 오는 날은 공기의 상태가 저기압이에요. 바람은 기압이 높은 곳에서 낮은 곳으로 불어오지요. 저기압일 때에는 바람이 고기압 쪽에서 불어와 저기압 지역을 내리눌러요. 그래서 공기가 널리 퍼지지 못하고 저기압 지역에 머물러 있게 되지요. 이때 연기가 생기면 위로 올라가기는 하지만 맑은 날처럼 높이 올라가지 못하고 옆으로 흘러 낮게 깔리는 거예요.

자연

못은 못인데 박지 못하는 못은?

답 : 연못

못은 쇠나 나무로 만든 뾰족한 물건으로, 망치로 쾅쾅 두드려 물건을 고정시키거나 나무끼리 붙이는 데 사용해요. 연못의 '못'은 넓고 오목한 땅에 물이 괸 곳을 가리켜요. 못에 수련을 심은 것을 연못이라고 하는데 수련이 없어도 못을 흔히 연못이라고 해요. 수련은 연못에서 흔히 볼 수 있는 하얀 꽃을 피우는 수초예요. 못과 연못은 둘 다 못이지만, 전혀 다르답니다.

상식 연못에는 어떤 생물이 살고 있을까?

연못은 강이나 냇물과 달리 고여 있는 물이에요. 연못에는 여러 가지 동식물이 살고 있지요. 식물인 개구리밥이나 부레옥잠은 물 위를 둥둥 떠다니며 살아요. 물수세미나 검정말은 뿌리를 물 밑 땅속에 박고 물속에 잠겨서 살지요. 이런 식물들은 잎이 가늘고 몸이 하늘하늘해요. 수련은 뿌리는 땅속에, 줄기는 물속에 있지만 잎과 꽃은 물 위에 둥둥 떠 있지요.

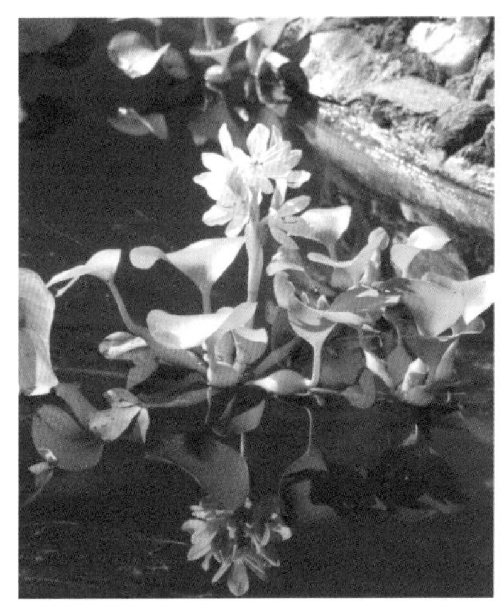

▲부레옥잠

연못에는 동물들도 많이 살아요. 물속을 자유롭게 헤엄치는 붕어나 미꾸라지 같은 물고기들뿐 아니라 작은 생물들도 많지요. 소금쟁이와 송장헤엄치개는 물 위를 헤엄쳐 다니고 장구애비, 물장군, 물방개, 물자라, 개아제비 등은 물속을 헤엄쳐 다녀요. 연못 바닥에는 우렁이가 기어 다닌답니다.

하나 더! 사 오고도 못 사 오겠다고 하는 것은? 꿈

자연

밤에는 아무리 찾아도 찾을 수 없는 것은?

해가 뜨면 별이 보이지 않고, 밤이 되면 해가 보이지 않아요. 하지만 우리 눈에만 보이지 않을 뿐 해와 별은 하늘에 여전히 떠 있답니다. 해가 뜨면 햇빛이 너무 밝아서 상대적으로 빛이 약한 별이 보이지 않는 거예요. 밤에 해가 보이지 않는 까닭은 지구가 하루에 한 바퀴씩 팽이가 돌듯 돌기 때문이에요. 지구에서 우리나라가 있는 쪽이 해를 향해 있을 때에는 낮이 되고, 해의 반대쪽을 향해 있을 때에는 밤이 된답니다.

상식 태양이 없으면 지구는 어떻게 될까?

스스로 빛나는 항성인 태양이 없다면 지구는 아주 춥고 깜깜해질 거예요. 하지만 춥고 깜깜하다는 것을 느낄 사람도, 동물도 없겠지요. 태양이 없으면 지구에는 그 어떤 생명도 살 수 없으니까요.

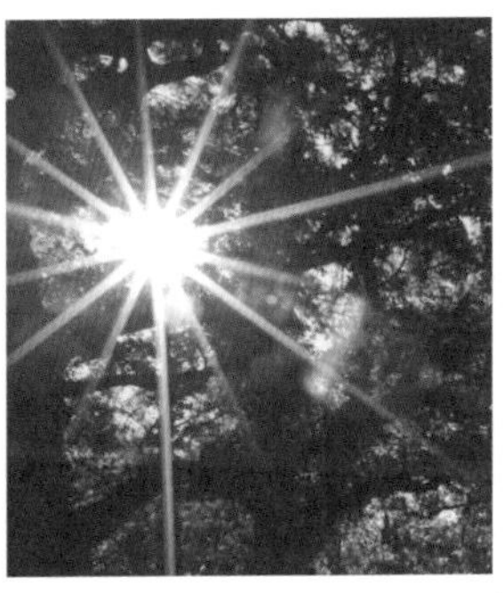
▲나뭇잎 사이로 비치는 태양 빛

지구상의 모든 생물은 태양에서 오는 빛과 열을 이용해서 살아가요. 식물이 태양 빛을 이용해 광합성을 해서 산소를 만들면, 동물들은 그 산소를 들이마시며 살아가지요. 식물은 광합성을 해서 스스로 영양분을 만들어 먹고, 동물들은 식물이나 다른 동물을 먹고 영양분을 얻어요.

사람들이 쓰는 에너지도 대부분 태양에서 온 거예요. 물을 이용한 수력 에너지와 바람을 이용한 풍력 에너지를 얻는 데에도 태양의 영향을 받고 나무, 석유, 석탄 등에서 얻는 에너지도 먼 옛날 태양열을 저장한 것이랍니다.

 **하나 더!** 밤에 보아야 아름다운 꽃은? 불꽃

자연

밤에만 외출하고, 나올 때마다 모습이 변하는 것은?

밤에만 나오는 것에는 달과 별이 있어요. 사실 달과 별은 낮에도 떠 있지만 낮에는 태양 빛이 밝아서 안 보이지요. 달과 별 가운데 나올 때마다 모습이 변하는 것은 달이에요. 달은 손톱만 한 초승달에서 반달인 상현달로 커지고, 둥그런 보름달이 되었다가 하현달, 그믐달 순서로 작아지지요.

달의 모양이 변하는 까닭은 지구가 태양 주위를 돌면서 달에 비치는 태양 빛을 가리기 때문이에요. 태양 빛을 받아 반사하는 달의 면적이 달라지는 것이, 마치 우리 눈에는 달의 모양이 변하는 것처럼 보인답니다.

상식 월식은 왜 생길까?

▲월식으로 달에 반쯤 그림자가 졌어요.

달은 지구의 주위를 돌아요. 지구는 태양의 주위를 돌지요. 그러다가 태양, 지구, 달의 순서로 한 줄로 나란히 될 때가 있어요. 이때 지구의 그림자가 달을 완전히 가리는데, 이것이 개기 월식이에요. 지구의 그림자가 달의 일부만 가리는 것은 부분 월식이지요. 개기 월식 때에는 달이 완전히 사라지는 게 아니라 어두운 붉은색으로 보여요. 지구 대기에서 흩어진 빛을 받기 때문이에요. 월식은 1년에 3번 정도 일어나며, 그 시각에 밤인 곳에서는 어디에서나 볼 수 있어요.

태양, 달, 지구의 순서로 한 줄로 놓이면 일식이 일어나요. 이때는 달의 그림자가 태양을 가리지요. 태양이 달에 완전히 가려지는 개기 일식이 일어나면, 낮인데도 밤처럼 어두워지기도 해요. 달이 태양을 일부만 가리면 부분 일식이 일어나지요.

하나 더! 하늘에 별이 없다면? 별 볼일 없다.

자연

산에 숨어서 남의 흉내만 내는 것은?

답 : 메아리

산에서 "야호!" 하고 소리를 지르면 반대쪽 산에 소리가 울려 메아리가 되어 돌아와요. 마치 누군가 산에 숨어서 흉내를 내는 것 같지요.

소리는 곧게 나아가는 성질이 있어요. 산에서 소리를 지르면 건너편에 있는 산에 부딪혀 되돌아오지요. 이것이 바로 메아리예요. 반사된 소리는 처음 지른 소리보다 조금 늦게 돌아와서 우리 귀에 들려요. 메아리는 소리가 부딪힐 수 있는 곳이 적당히 떨어져 있고, 소리가 대기 중에 잘 흩어지지 않을 때 잘 들려요. 메아리는 우리말로 산울림이라고 해요.

상식 산에 올라가면 왜 귀가 먹먹할까?

높은 산에 올라가면 귀가 먹먹해져요. 비행기를 타고 날아갈 때에도 비슷한 느낌을 받지요. 귀와 귀 바깥의 압력 차이 때문에 생기는 현상이에요. 평소에는 공기가 고막 밖에서 미는 압력과 고막 안쪽에서 미는 압력이 똑같아서 아무렇지도 않아요. 하지만 높은 산은 기압이 낮아서 공기가 고막 밖에서 미는 힘이 고막 안쪽에서 미는 힘보다 약해요. 그래서 귀가 먹먹해지는 거예요. 귀가 먹먹해질 때에는 하품을 하거나 침을 삼키면 먹먹한 느낌이 없어지지요.

에베레스트 산처럼 아주 높은 산에 올라가면 산소가 부족해서 숨을 쉬기 힘들어요. 높은 산에는 지구가 잡아당기는 힘인 중력이 약하게 미쳐서 공기의 밀도가 낮고, 그런 만큼 공기 속 산소도 부족해서 숨 쉬기 어렵지요. 그래서 아주 높은 산에 오를 때에는 산소통과 호흡기를 가져가기도 해요. 우리나라에는 숨 쉬기 곤란할 만큼 높은 산은 없어요.

 **하나 더!** 밤낮 남의 말만 전하는 것은? 전화

자연 세상에서 가장 빠른 개는?

개는 사람보다 두 배나 빨라요. 가장 빠른 개인 그레이하운드는 한 시간에 약 70킬로미터나 갈 수 있을 만큼 빠르지요. 하지만 세상에서 가장 빠른 개인 '번개'에 비교하면 그레이하운드는 달팽이만큼이나 느리답니다. 번개는 1초에 10만 킬로미터나 갈 수 있거든요.

상식 번개는 어떻게 생길까?

번개는 쌘비구름(적란운)에서 주로 생겨요. 쌘비구름은 위는 산처럼 솟고, 아래는 비를 잔뜩 머금은 아주 큰 구름이에요.

▲번개

구름 속에는 물방울과 얼음알갱이가 아주 많은데, 이 알갱이들이 구름 안에서 이리저리 돌아다니다 부딪히면서 전기 알갱이로 부서지지요. 이때 양(+) 전기를 띤 알갱이들은 구름 위쪽으로 모이고, 음(–) 전기를 띤 알갱이들은 구름 아래쪽으로 모여요. 구름 아래쪽에 모인 음(–) 전기가 땅 위의 양(+) 전기와 서로 끌어당기게 되면 그 사이로 큰 전류가 이동하는데, 이때 치는 것이 번개랍니다.

하나 더! 빛 보고 큰 소리로 우는 것은? 천둥

자연

손도 발도 없는데 나들이문(현관문)을 여는 것은?

나들이문은 현관문을 뜻해요. 현관문은 꽉 닫아 놓지 않으면 바람에 열리기도 하고 때로는 쾅 닫히기도 하지요. 바람은 공기의 움직임이에요. 공기는 눈에 보이지 않지만 늘 움직이고 있어요. 공기가 살랑살랑 가볍게 움직일 때에는 문을 여닫거나 머리카락을 날려요. 하지만 태풍처럼 세게 움직일 때에는 유리창을 뒤흔들기도 하고, 자동차를 들어올리기도 한답니다.

골바람과 산바람이 무엇일까?

공기는 따뜻하게 데워지면 위로 올라가고 차가워지면 밑으로 내려와요. 낮에는 산골짜기보다 산봉우리의 공기가 더 빨리 데워져요. 산봉우리 주위의 따뜻해진 공기가 위로 올라가면, 그 빈자리를 채우기 위해 산골짜기의 공기가 산봉우리 쪽으로 올라가면서 바람이 산봉우리 쪽으로 불지요. 이렇게 낮에 산 아래의 골짜기에서 산 위의 봉우리 쪽으로 부는 바람을 골바람이라고 해요.

반대로 밤에는 산봉우리 쪽이 골짜기 쪽보다 공기가 빨리 식어요. 따라서 밤에는 골짜기 쪽의 따뜻한 공기가 위로 올라가면 산봉우리 쪽에 있던 공기가 내려와 그 빈자리를 채우지요. 산바람은 이렇게 밤에 산봉우리 쪽에서 골짜기 쪽으로 부는 바람이에요.

그래서 낮에는 산봉우리 쪽으로 골바람이 불고, 밤에는 산골짜기 쪽으로 산바람이 분답니다.

**하나 더!** 손 없이 나무를 흔드는 것은? 바람

자연

아침에는 키가 컸다가 낮이 되면 작아지는 것은?

어유, 작아.
너희는 풀이니?

키가 작아도 우린 나무거든.

하도 작아서 풀인 줄 알았지.

해가 하늘 높이 뜨면 너도 작은 게 생길걸?

그림자의 길이는 빛의 위치에 따라 달라져요. 빛이 비스듬히 비추면 그림자가 길어지고, 빛이 머리 위에서 비추면 그림자가 짧아지지요. 그래서 태양이 뜨기 시작할 때나 지고 있어서 비스듬히 떠 있을 때면 그림자가 아주 길어져요. 하지만 태양이 머리 위에 있는 한낮에는 그림자가 짧아지지요. 그림자가 길어졌다 짧아졌다 하는 모습이, 마치 아침이면 키가 컸다가 낮이 되면 작아지는 것처럼 보인답니다.

상식 그림자는 왜 생길까?

빛은 곧게 쭉 나가는 성질이 있어요. 그런데 어떤 물체가 빛을 가로막으면, 빛은 가로막힌 부분은 못 지나가고 그 바깥 부분만 지나가지요. 그러면 빛이 지나가지 못한 부분은 어두워져요. 이 어두운 부분이 바로 그림자예요. 그래서 그림자는 빛을 가로막은 물체의 모양대로 생기지요.

▲그림자는 빛이 비추는 위치에 따라 길이가 달라져요.

유리창처럼 투명한 물체에는 그림자가 생기지 않아요. 유리창은 빛을 가로막지 않고 통과시키기 때문이에요.

그림자가 생기려면 반드시 빛이 있어야 해요. 햇빛이 잘 비치는 축구장 한가운데에 서면 그림자가 생기지요. 하지만 빛이 비치지 않는 나무 그늘에 서면 그림자가 생기지 않는답니다.

하나 더! 검은 것은 검게 보이게, 다른 색도 다 검게 보이게 하는 것은? 그림자

자연

어두울수록 더 잘 보이는 것은?

우리 눈은 빛이 있어야 사물을 볼 수 있어요. 그런데 별은 어두울수록 밝게 보여요. 그래서 별을 잘 보려면 자동차의 불빛과 아파트에서 새어나온 불빛, 가로등으로 밤에도 환한 도시를 떠나 시골로 가야 해요. 깜깜한 허허벌판이나 모래뿐인 사막에서도 쏟아질 듯 많은 별을 볼 수 있지요.

상식 별과 달, 태양은 어떻게 다를까?

밤하늘에 반짝이는 별과 낮을 환하게 밝히는 태양은 똑같은 항성이에요. 항성은 항상 같은 자리에 머물며 스스로 빛을 내는 별을 말하지요.

그런데 태양이 아주 밝고 뜨거운 데 비해 별은 조금 어둡지요? 그 이유는 별이 태양보다 훨씬 멀리 있어서, 별빛이 어두운 우주 공간을 뚫고 지구까지 오는 동안 흐려지기 때문이에요.

태양은 지구에서 가장 가까운 항성이에요. 지구에서 태양까지의 거리는 약 1억 5,000천만 킬로미터로, 우주선을 타고 가도 몇 만 년이 걸려요. 지구에서 두 번째로 가까운 항성은 센타우루스 자리의 프록시마 켄타우루스예요. 켄타우루스까지 우주선을 타고 가면 약 10만 년이 걸리지요.

달은 태양이나 별과 달리 스스로 빛을 낼 수 없어요. 달빛은 태양 빛을 반사한 것일 뿐이에요. 크기도 다른 별과 태양에 비하면 엄청나게 작아요. 하지만 지구와 가깝기 때문에 크게 보이지요. 그리고 제자리에 있는 항성이 아니라 지구 주위를 도는 행성이랍니다.

하나 더! 별 가운데 가장 슬픈 별은? 이별

자연

우리가 하루 세 번 먹는 풀은?

'밥풀'은 밥알 하나하나를 이르는 말이에요. 우리는 하루에 세 끼를 밥으로 먹으니까 하루 세 번 밥풀을 먹는 셈이 되지요. 요즘에는 밥 대신 빵이나 국수, 스파게티 등 다양한 음식을 먹기도 하지만, 우리 전통 식사는 하루 세 번 밥을 먹는 것이랍니다.

상식 밥을 주식으로 하는 나라는 어디일까?

우리나라와 같이 밥을 주식으로 하는 나라는 일본이 대표적이에요. 일본에서는 우리나라와 마찬가지로 찰진 쌀로 밥을 짓지요. 그래서 일본의 밥과 우리나라의 밥은 맛이 비슷해요.

타이와 라오스, 베트남, 미얀마 등 동남아시아 사람들과 중국 사람들도 밥을 주식으로 먹어요. 동남아시아 사람들은 국수도 많이 먹는데, 쌀로 만든 국수를 주로 먹지요. 동남아시아는 기온이 높고 비가 아주 많이 와요. 그래서 1년에 3번 쌀을 거두기도 해요. 옆 나라인 인도에서는 밥과 빵을 주식으로 먹지요.

인도와 동남아시아에서 주로 먹는 쌀은 우리나라와 일본에서 먹는 쌀과 조금 달라요. 우리 쌀보다 길쭉하고, 밥을 지으면 찰기가 없어 푸슬푸슬 잘 흩어진답니다.

▲벼의 겉껍질만 벗겨 낸 쌀인 현미예요.

하나 더! 알도 아니면서 알이라고 하는 것은? 밥알

자연

하늘에 있는, 세상에서 가장 아름다운 개는?

답 : 무지개

아기들은 참 귀여워요. 사람의 아기, 아기 오랑우탄, 아기 토끼, 송아지, 강아지……. 특히 태어난 지 얼마 되지 않은 강아지는 털이 몽글몽글한 게 정말 예쁘지요. 하지만 세상에서 가장 아름다운 개는 아니에요. 세상에서 가장 아름다운 개는 무지개랍니다.

하늘에 빨주노초파남보 일곱 가지 색깔 무지개가 둥그렇게 떠 있는 것을 보면 나도 모르게 "아, 예뻐!" 하고 말하게 될 거예요. 무지개의 일곱 가지 색깔은 빛의 색깔이에요. 빛의 색깔을 모두 합치면 흰색이 된답니다.

상식 무지개는 언제 생길까?

무지개는 비가 그친 뒤 하늘에서 볼 수 있어요. 비가 그친 뒤 하늘에는 물방울이 남아 있는데, 태양 빛이 이 물방울을 지나갈 때 무지개가 생기지요. 태양 빛은 여러 가지 색깔의 빛이 모두 합쳐진 흰색 빛이에요. 빛의 색깔을 모두 합하면 흰색이 되거든요. 태양의 흰색 빛은 물방울을 지날 때 비스듬히 꺾여요. 이때 흰색 빛 안에 든 여러 색깔의 빛이 각각 꺾이는 정도가 달라서 빨주노초파남보 일곱 색깔로 퍼지게 되지요. 이것이 바로 무지개예요.

비 오는 날이 아니어도 무지개를 볼 수 있어요. 호스로 잔디밭에 물을 뿌리거나 분무기로 물을 뿌릴 때에도 무지개를 볼 수 있지요. 태양 빛을 등지고 물을 뿌리면, 빛이 물방울을 지나며 무지개가 생기거든요. 프리즘으로 봐도 언제든지 무지개를 볼 수 있답니다.

 **하나 더!** 개 가운데에서 가장 큰 개는? 무지개

자연 해만 보면 우는 것은?

앙 앙 앙
평강공주

자꾸 울면
바보에게
시집보낸다.

바보에게
시집가기
싫어요.
엉엉엉.

우리 공주보다
더 잘 우는 건
없을 거야.

아니에요.
저보다 잘 우는
것도 있어요.
엉엉엉.

그것은
해만 보면
운다고요.
엉엉엉.
해만 보면
우는 것?
그게 뭘까?
답 : 얼음

물은 온도가 섭씨 100도가 되면 부글부글 끓어 기체인 수증기가 되고, 영하로 떨어지면 얼어서 고체인 얼음이 되지요. 얼음은 기온이 섭씨 0도 이상으로 올라가면 녹기 시작해요. 다시 액체인 물로 돌아가는 거예요. 얼음을 햇볕 아래 내놓으면, 기온이 따뜻해서 녹으며 눈물처럼 줄줄 흘러내린답니다. 그래서 얼음을 보고 해만 보면 우는 것이라고 하지요.

상식 얼음은 물에 뜰까?

물을 꽁꽁 얼린 얼음은 물에 뜰까요? 북극의 빙하를 생각하면 금세 알 수 있지요. 얼음은 물에 뜬답니다. 물은 얼면서 부피가 커져요. 질량은 그대로인데 부피가 커지면 밀도가 낮아지지요. 얼음은 물보다 밀도가 낮기 때문에 물에 뜨는 거예요.

물은 얼 때 표면부터 얼기 시작해요. 그래서 호수의 물이 꽁꽁 언 것처럼 보일 때에도 호수 아랫부분은 물이 얼지 않아서 물고기들이 살아갈 수 있지요. 호수의 물이 위쪽부터 얼기 시작하는 이유도 밀도 때문이에요. 물은 밀도가 작으면 위로 올라가고 밀도가 크면 아래로 내려가는 성질이 있어요. 물은 섭씨 4도일 때 밀도가 가장 크지요. 그래서 호수 밑바닥에 가라앉은 물은 얼지 않는 거예요. 온도가 영하로 내려가지 않으니까요.

▲얼음은 섭씨 0도 이상에서 녹기 시작해요.

하나 더! 얼음이 녹으면 물이 된다. 눈이 녹으면 무엇이 될까? 물

자연

햇볕을 쬐면 죽는 사람은?

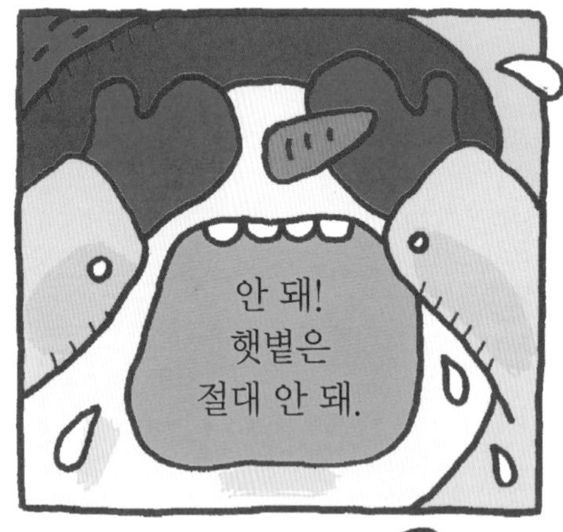

답 : 눈사람

눈을 둥글게 뭉쳐서 머리에 모자를 씌우고 눈과 코, 입을 찍어 주면 귀여운 눈사람이 되지요. 눈이 막 내렸을 때보다 햇볕을 받아 눈이 살짝 녹았을 때 눈사람을 만들면 더 잘 만들어져요. 살짝 녹은 눈이 더 잘 뭉쳐지거든요.

날씨가 계속 추우면 눈사람은 녹지 않고 그대로 있어요. 하지만 햇빛이 비추면서 기온이 높아지면 눈이 녹아 줄줄 흘러내리지요. 그러므로 눈사람은 햇볕을 쬐면 죽는다고 할 수 있어요.

상식 눈은 왜 흰색일까?

색깔은 빛에서 나와요. 빛에는 빨주노초파남보 무지개 색깔이 모두 들어 있는데, 사물에 빛이 부딪힐 때 일부는 흡수되고 일부는 반사되지요.

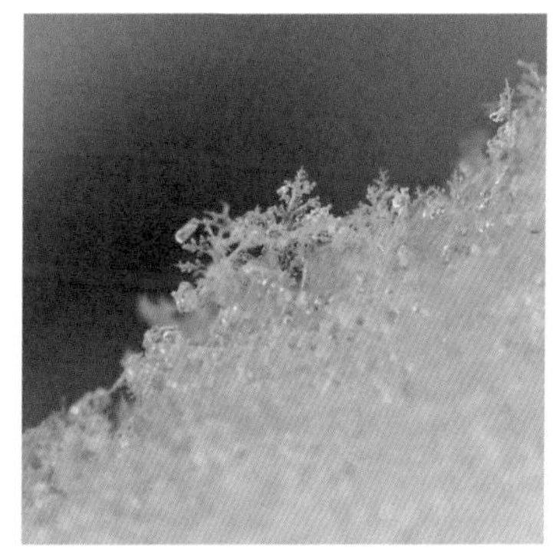
▲눈을 확대한 모습이에요.

우리가 보는 색깔은 바로 그 반사된 빛의 색이랍니다. 예를 들어 빨간 공은 빨간색만 반사하고 나머지 색은 다 흡수해서 우리 눈에 빨갛게 보이는 거예요. 물체가 모든 빛을 다 흡수하면 투명해 보여요. 물이나 유리처럼요. 반대로 모두 반사하면 흰색으로 보이지요.

눈은 작은 물방울이 얼음 알갱이로 뭉쳐 내리는 거예요. 그런데 얼음은 약간 투명한데 눈은 거의 흰색이지요. 눈 속에 든 공기가 빛을 모두 반사하기 때문에 흰색으로 보이는 것이랍니다.

 **하나 더!** 그리면 둥글고 쓰면 모진 것은? 해(日)

사물

감은 감인데 먹지 못하고, 아이들이 좋아하는 감은?

근터구(근거나 구실) 없이 두 몽둥이로 매만 맞고 있는 것은?

나이를 먹을수록 키가 작아지는 것은?

낮에는 눈을 꼭 감고 밤에만 초롱초롱 뜨는 것은?

내려갈 때에는 가볍고 올라올 때에는 무거운 것은?

늘어났다 줄어들었다 하는 무는?

다리가 네 개 있어도 걷지 못하는 것은?

다리로 올라가고 엉덩이로 내려오는 것은?

닦으면 닦을수록 더러워지는 것은?

더우면 키가 커지고 추우면 작아지는 것은?

더울 때 일하고 추울 때 쉬는 것은?
때리면 살고 안 때리면 죽는 것은?
똑같은데 날마다 키 재는 것은?
많이 먹어도, 적게 먹어도 늘 배불러 있는 것은?
말은 말인데 타지 못하는 말은?
먹을수록 가벼워지는 것은?
불은 불인데 뜨겁지 않은 불은?
산은 산인데 오르지 못하는 산은?

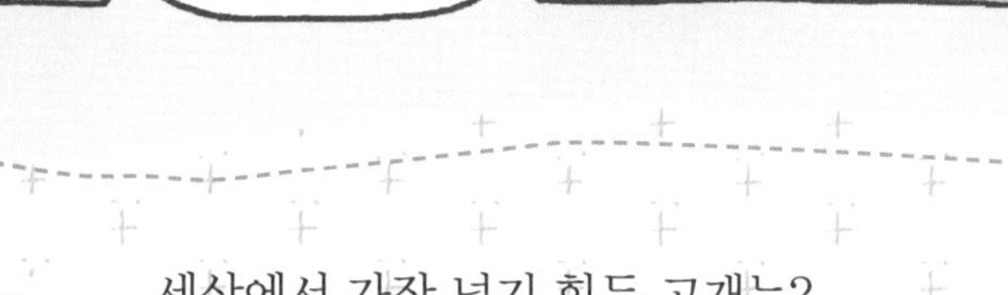

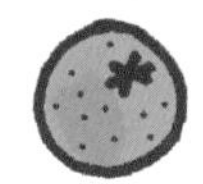

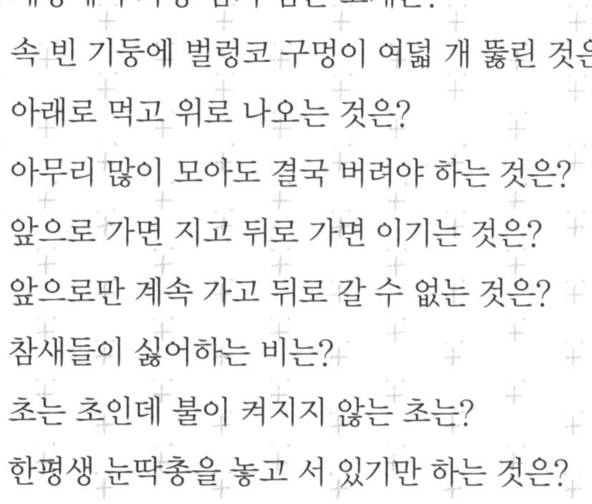

세상에서 가장 넘기 힘든 고개는?
속 빈 기둥에 벌렁코 구멍이 여덟 개 뚫린 것은?
아래로 먹고 위로 나오는 것은?
아무리 많이 모아도 결국 버려야 하는 것은?
앞으로 가면 지고 뒤로 가면 이기는 것은?
앞으로만 계속 가고 뒤로 갈 수 없는 것은?
참새들이 싫어하는 비는?
초는 초인데 불이 켜지지 않는 초는?
한평생 눈딱총을 놓고 서 있기만 하는 것은?

사물

감은 감인데 먹지 못하고, 아이들이 좋아하는 감은?

답 : 장난감

'감' 으로 끝나는 것 가운데 아이들이 가장 좋아하는 것은 장난감이에요. 장난감이 있으면 혼자서도 재미있게 놀 수 있지요. 옛날에는 자연에서 장난감을 얻었어요. 나무를 깎아 팽이를 만들고, 썰매를 만들고, 윷을 만들고, 풀을 뜯어 풀각시 인형을 만들었지요. 자연에서 얻은 나뭇가지, 돌멩이, 꽃 등이 그대로 장난감이 되기도 했어요.

상식 옛날 아이들은 어떤 놀이를 했을까?

지금 아이들은 주로 컴퓨터, 텔레비전, 게임기 등을 가지고 놀아요. 밖에 나가 놀 때에는 축구공을 차고, 자전거를 타고, 인라인스케이트를 타지요. 그런데 컴퓨터도 축구공도 없던 옛날에는 어떤 놀이를 했을까요?

옛날 아이들은 돌, 모래, 나뭇가지 등 주위에 있는 것이라면 무엇이든지 가지고 놀았어요. 땅바닥에 금을 긋고 돌멩이를 던지며 자기 땅을 늘리는 땅따먹기, 손바닥만 한 납작한 돌을 서로 세워 놓고 조금 떨어진 곳에서 상대방의 돌을 넘어뜨리는 비석치기, 막대기를 쳐서 그 날아간 거리를 재며 노는 자치기 등 자연에서 쉽게 구할 수 있는 장난감을 가지고 재미있게 놀았지요. 모래가 있으면 두꺼비 집을 만들고, 냇물이 있으면 물고기를 잡고, 산이 있으면 풀을 많이 뜯어 와 이름을 알아맞히는 풀싸움을 했어요.

명절에는 윷놀이, 줄다리기, 널뛰기 등 고유의 민속놀이를 즐겼지요. 명절 민속놀이는 아이뿐 아니라 어른도 함께 즐기는 놀이였답니다.

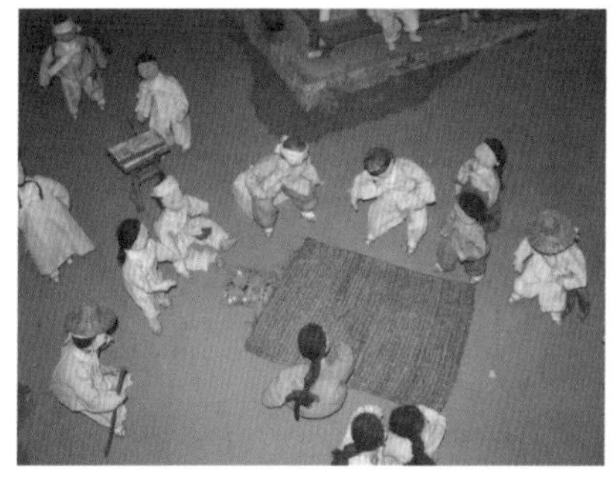

▲옛날 사람들이 윷놀이를 하는 모습이에요.

하나 더! 동화는 동화인데 읽을 수 없는 동화는? 운동화

사물

근터구(근거나 구실) 없이 두 몽둥이로 매만 맞고 있는 것은?

답 : 다듬잇돌

근터구는 '이유' 나 '까닭' 이라는 뜻의 북한말이에요. 이유도 없이 두 몽둥이로 매를 맞는 것은 다듬잇돌이랍니다. 다듬이질을 할 때 다듬잇돌 위에 빨래를 얹고 다듬이 방망이 두 개로 토닥토닥 두드리거든요. 다듬잇돌 입장에서는 잘못한 것도 없이 매를 맞는 것이지요. 이렇게 다듬이질을 하면 빨래가 부드러워지고 주름도 잘 펴진답니다

상식 옛날에는 어떻게 빨래를 했을까?

옛날에는 지금처럼 간단하게 빨래를 할 수 없었어요. 비누나 세탁기도 없었고, 펑펑 나오는 수돗물도 없어서 빨래터에 가서 빨래를 해야 했지요. 게다가 옛날 옷들은 빨래를 하기 전에 옷의 바느질을 모두 뜯어야 했어요.

빨래는 잿물 내리는 일로 시작했어요. 볏짚, 콩깍지, 조나 기장을 태운 재를 시루에 넣고 잿물을 내린 다음, 빨래에 잿물을 붓고 빨랫방망이로 두드려 애벌빨래를 했지요. 애벌빨래를 마친 빨래는 잿물에 넣고 삶은 뒤 또 빨랫방망이로 두드려 때를 뺐어요.

때가 다 빠지면 헹구고 말려서 풀을 먹였지요. 빨래에 풀을 먹이면 때가 덜 타고, 때가 타더라도 잘 빠졌어요. 게다가 옷의 모양도 반듯해졌지요.

옷을 잘 말린 뒤에는 다듬이질을 했어요. 마른 빨래에 골고루 물을 뿌린 다음 반듯하게 접어 다듬이질을 하면, 풀이 고루 퍼지면서 주름도 펴졌지요. 잘 다듬은 빨래는 다시 바느질을 해서 옷의 원래 형태로 매만진 뒤 다림질을 했답니다.

하나 더! 작은 녀석 둘이서 큰 녀석을 계속 때리는 것은? 다듬이돌

사물

나이를 먹을수록 키가 작아지는 것은?

아이는 나이를 먹을수록 키가 크고 몸집도 커져요. 강아지나 고양이와 같은 동물들도 새끼 때보다 어른이 되면 더 커지지요. 그래서 우리는 나이를 먹으면 키가 커진다고 생각해요.

하지만 양초는 불을 켠 채로 있는 시간이 길수록 키가 작아져요. 불이 켜진 채로 유지되려면 양초가 녹아야 하기 때문이에요.

상식 불꽃은 왜 위로만 탈까?

▲위로 타오르는 불꽃

초에 불을 붙이면 불꽃이 뾰족하게 위로 타올라요. 초를 기울여도 불꽃은 위쪽을 향해 타오르지요. 성냥불도, 가스 불도 모두 위로 타올라요. 불꽃이 위쪽으로 타오르는 이유는, 따뜻한 공기는 위로 올라가고 찬 공기는 밑으로 내려와 그 자리를 채우는 대류 현상 때문이에요.

불을 켜면 불꽃이 주위의 공기를 따뜻하게 데워요. 데워진 공기는 위로 올라가면서 불꽃을 끌어당기고, 그와 동시에 약간 식은 공기는 불꽃 가장자리를 따라 밑으로 내려와요. 밑으로 내려온 공기는 불꽃 때문에 데워져 다시 위로 올라가고, 식은 공기는 또 내려오고……. 불꽃 주위의 공기는 이렇게 계속 돌면서 불꽃을 위로 끌어당겨 뾰족한 불꽃 모양을 만들지요.

대류 현상은 공기를 잡아당기는 지구의 중력 때문에 생겨요. 중력이 없으면 대류 현상도 없으므로, 불꽃에서 나온 연소 가스가 모든 방향으로 퍼져서 불꽃의 모양이 동그랗게 될 거예요.

하나 더! 머리로 박치기를 하면 불이 나는 것은? 성냥

사물

낮에는 눈을 꼭 감고 밤에만 초롱초롱 뜨는 것은?

답 : 가로등

가로등은 밤이 되면 초롱초롱 불을 켜 길을 밝히고 낮에는 꺼져 있어요. 그 모습이 꼭 낮에는 눈을 감고 밤에만 초롱초롱 눈을 뜨고 있는 것 같지요. 최초의 가로등은 고대 이집트에서 생겼어요. 도둑이나 불을 지르는 방화범 등을 막기 위해 집집마다 문 앞에 등을 달아 길을 밝혔다고 해요.

상식 가로등은 누가 켜고 끌까?

옛날에는 가로등을 켜고 끄는 사람이 따로 있었어요. 20세기까지 가로등은 주로 가스등이었는데, 가로등을 켜는 사람이 아침이 되면 불을 끄고 저녁이 되면 켜고 다녔지요. 이들은 어두운 가로등을 밝히고 다니면서 도둑이나 방화범이 있는지 지키는 파수꾼 역할도 했답니다.

요즘 가로등은 저절로 켜지고 꺼져요. 가로등 안에 알아서 불을 켜고 끄는 센서가 들어 있기 때문이에요. 빛에 반응하는 센서가 설치된 가로등은 주위가 정해진 밝기만큼 밝아지면 자동으로 꺼지고, 어두워지면 자동으로 켜져요. 그래서 지역마다 가로등이 켜지고 꺼지는 시간이 조금 다르답니다. 해가 긴 남쪽 지방에서는 북쪽 지방보다 가로등이 더 늦게 켜지지요.

지금도 가로등에는 켜고 끄는 스위치가 있어요. 고장이 났을 때처럼 특수한 상황에서만 사용하지요.

 **하나 더!** 꽃 한 송이가 방 안에 가득한 것은? 꽃향기

사물

내려갈 때에는 가볍고 올라올 때에는 무거운 것은?

지금은 집집마다 수돗물이 나오지만 옛날에는 물이 귀했어요. 동네에 하나씩 우물을 파서 함께 쓰거나 강이나 냇가에서 물을 길어 써야 했지요.

우물에는 두레박을 달아 물을 퍼 올렸어요. 긴 줄에 두레박을 묶어 깊은 우물로 떨어뜨린 뒤 물을 퍼서 올렸지요. 우물로 내릴 때에는 두레박이 비어서 가볍지만 올릴 때에는 물이 가득 들어 무겁지요. 그래서 우물에 고정 도르래를 설치해서 무거운 두레박을 쉽게 끌어 올리기도 해요.

상식 우물물은 어떻게 생길까?

우물물은 지하수예요. 지하수는 식수, 농업용수 등 우리 생활에 다양하게 쓰이지요. 지하수는 비, 눈, 우박 등이 땅으로 스며들어 생겨요. 땅속에 스며든 물은 지표, 지층, 암석층을 지나면서 나쁜 성분이 걸러진 뒤 지하수가 흐르는 길인 지하수 층으로 모여요.

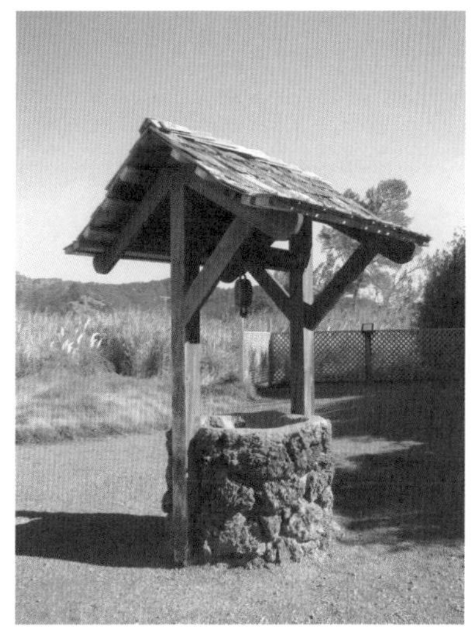
▲우물

지하수 층의 가장 윗부분을 지하수면이라고 하지요. 지하수면은 땅속 바로 밑에 있기도 하고, 깊이 파고 들어가야 있기도 해요. 지하수면이 땅 위에서 가까우면 우물을 얕게 파도 물이 나오지만, 땅속 깊숙이 있으면 우물을 아주 깊게 파야 하지요.

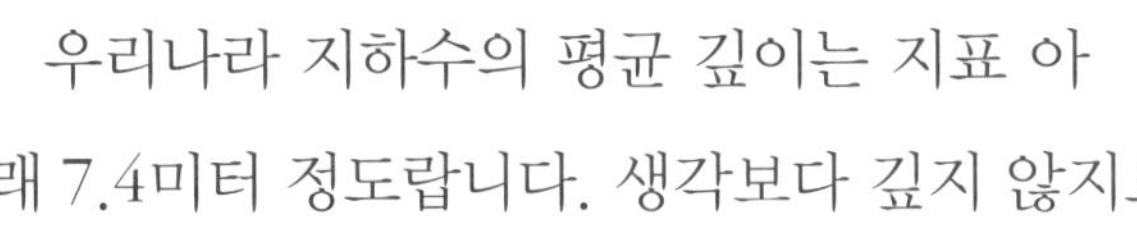

우리나라 지하수의 평균 깊이는 지표 아래 7.4미터 정도랍니다. 생각보다 깊지 않지요?

 **하나 더!** 방을 나갈 때에는 무겁고 들어올 때에는 가벼운 것은?

사물

늘어났다 줄어들었다 하는 무는?

김장 준비 끝!

그런데 무가 좀 부족한가?

그럼 무를 늘려요. 전 깍두기를 좋아하니까.

무를 어떻게 늘려?

그럼 줄일까요?

고무줄을 잡아 늘이면 길게 늘어났다가 놓으면 원래 길이로 돌아가지요. 고무는 탄성이 좋기 때문에 늘어났다가도 제 모습으로 돌아가요. 천연고무는 파라고무나무의 수액에서 얻어요. 고무나무의 줄기에 상처를 내면 하얀 수액이 똑똑 떨어지는데, 이것이 바로 천연고무의 원료랍니다.

파라고무나무는 원래 아마존 강 유역에 있던 나무로 한때 전 세계의 생고무가 거의 아마존 유역에서 났어요. 그런데 유럽 사람들이 파라고무나무의 종자를 인도네시아, 말레이시아 등 동남아시아에 심어 현재는 동남아시아에서 생고무를 가장 많이 생산하지요.

상식 합성고무도 있을까?

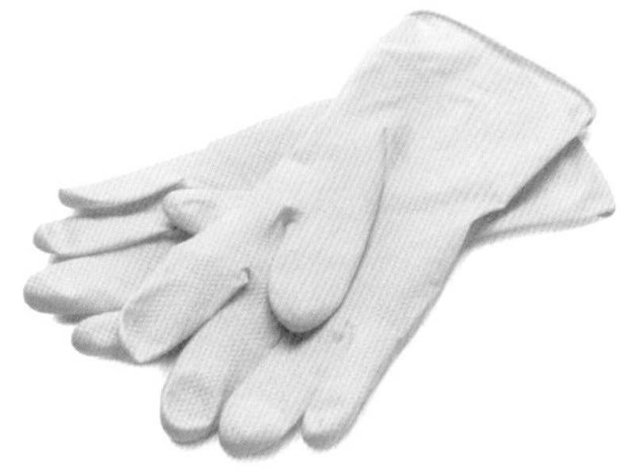

▲합성고무로 만든 고무장갑

천연고무에는 우리가 흔히 사용하는 고무줄과 같은 탄성이 없어요. 더우면 끈적끈적해지고, 추우면 딱딱해져 부스러지거든요. 천연고무에 황이라는 물질을 넣어야 탄성이 있는 고무가 되지요. 그런데 우리가 쓰는 모든 고무 제품이 천연고무로 만든 것은 아니에요. 산업이 발전하면서 필요한 고무의 양은 점점 많아졌지만, 파라고무나무에서 나는 수액은 한정되어 있었지요. 그러다가 제1차 세계 대전 때 독일에서 천연고무 대신 쓸 수 있는 합성고무를 처음 만들었어요.

합성고무는 석유를 주원료로 해서 여러 가지 첨가물을 넣어 만들어요. 넣는 첨가물에 따라 다양한 성질의 합성고무를 만들어 낼 수 있지요. 자동차 타이어도 대부분 합성고무로 만든답니다.

하나 더! 무는 무인데 바느질하는 무는? 골무

사물

다리가 네 개 있어도 걷지 못하는 것은?

답 : 책상, 의자

사람, 사자, 개구리, 도마뱀, 오리……. 다리가 있는 동물은 다 걸을 수 있어요. 책상과 의자도 다리가 있어요. 그것도 네 개나 있지요. 하지만 책상과 의자는 걸을 수 없어요. 다리가 있지만 살아 있는 생물이 아니라 생명이 없는 무생물이기 때문이에요. 책상과 의자의 다리는 튼튼하게 서 있게 하려고 사람들이 만든 것일 뿐이에요.

상식 다리가 가장 많은 동물은 어떤 동물일까?

다리가 많은 동물 하면 지네와 노래기가 생각나지요. 지네는 몸의 마디마다 다리가 한 쌍씩 달려 있어요. 마디가 많을수록 다리도 많지요. 그런데 지네보다 다리가 더 많은 동물이 있어요. 바로 노래기예요. 노래기는 1,000개의 다리를 지닌 동물이라고 불려요. 하지만 정말 다리가 1,000개는 아니랍니다. 노래기 가운데 가장 다리가 많은 것은 일라크메 플레니페스예요. 이 노래기는 다리가 750개나 되는데, 암컷이 수컷보다 크고 다리 개수도 많아요.

다리가 많은 다족류 가운데 큰 것으로는 대왕노래기가 있어요. 대왕노래기는 몸길이가 25~30센티미터까지 자라고, 다리가 256개나 되지요. 동남아시아에서 흔히 볼 수 있는 대왕지네도 길이가 25센티미터 정도로 무척 커요.

◀지네

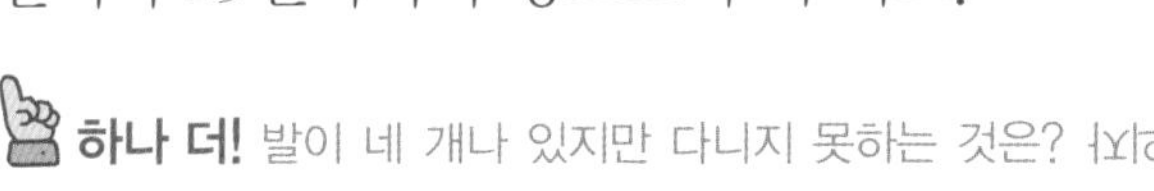

사물

다리로 올라가고 엉덩이로 내려오는 것은?

답 : 미끄럼틀

미끄럼틀은 아이가 미끄러지며 앉아 내려올 수 있도록 땅에서 2~3미터 높이에 미끄럼대가 비스듬히 붙어 있고, 올라가는 계단은 따로 있는 놀이기구예요. 계단으로 올라가서 미끄럼대에 앉아 엉덩이로 내려오지요. 그래서 다리로 올라가고 엉덩이로 내려오는 것은 미끄럼틀이랍니다.

상식 미끄럼틀은 왜 미끄러울까?

미끄럼틀은 옷을 입은 채 엉덩이로 내려와야 잘 미끄러져요. 운동화를 신은 채 발바닥으로 내려오려고 하면 잘 미끄러지지 않아요. 마찰력이 크기 때문이에요.

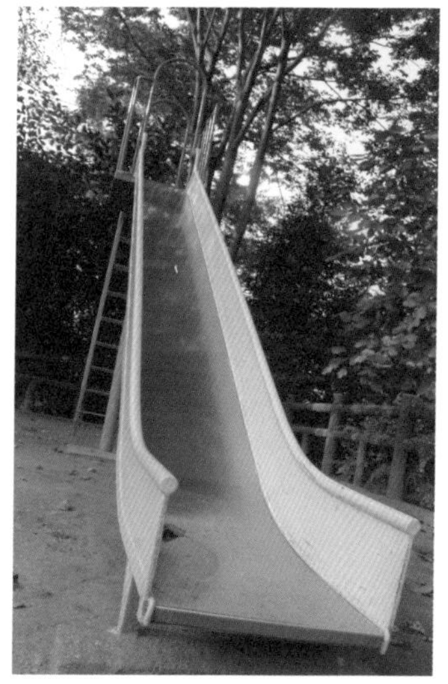
▲미끄럼틀

마찰력은 두 물체가 만나는 접촉면에서 생겨요. 두 물체가 접촉해서 움직이려고 하거나 움직일 때, 그 운동을 방해하는 힘이 마찰력이에요. 유리창이나 얼음판처럼 미끄러운 물체는 마찰력이 적고, 표면이 울퉁불퉁한 물체는 마찰력이 크지요. 옷을 입은 채 엉덩이로 미끄럼을 타면 매끄러운 미끄럼대와 비교적 매끄러운 옷이 만나 마찰력이 적기 때문에 잘 미끄러져요. 하지만 운동화 바닥은 울퉁불퉁해서 마찰력이 크기 때문에 잘 미끄러지지 않지요. 수영장의 미끄럼틀에 물을 흘려보내는 것도 마찰력을 줄이기 위해서예요. 미끄럼틀에 물이 흐르면 얇은 물막이 생기지요. 미끄럼을 탈 때 엉덩이가 바로 미끄럼대에 닿지 않고 물에 닿으면 마찰력이 줄어들어 훨씬 잘 미끄러진답니다.

 **하나 더!** 궁둥이에 우산처럼 생긴 모자를 쓴 것은? 버섯

사물

닦으면 닦을수록 더러워지는 것은?

걸레는 청소할 때 쓰는 도구예요. 걸레는 더러운 바닥을 닦기 때문에 닦으면 닦을수록 더러워지지요. 대신 걸레가 더러워진 만큼 방은 깨끗해진답니다. 그런데 유리창을 젖은 걸레로 닦으면 얼룩이 더 많이 생겨요. 유리창은 젖은 신문지로 닦은 뒤 마른 신문지로 다시 한 번 닦아야 얼룩 없이 깨끗해지지요.

요즘은 청소를 할 때 걸레보다 진공청소기를 많이 써요. 진공청소기는 먼지나 머리카락을 빨아들여서 깨끗하게 만들어 주지요.

상식 비누는 어떻게 때를 뺄까?

청소를 하고 난 뒤 더러워진 걸레를 빨아야겠지요? 물로만 빨아도 걸레의 때가 조금은 빠지지만 비누로 빨아야 기름때까지 쏙 빠져 깨끗해져요. 비누는 물의 힘을 이용해서 거품을 만드는데, 이 비누 거품이 때를 씻어내기 때문이에요.

비누의 분자 구조는 머리와 꼬리로 이루어져 있는데, 꼬리는 기름을 붙잡고 머리는 물을 붙잡는 성질이 있어요. 비누가 물에 녹으면, 비누 분자의 꼬리 부분이 먼저 기름때에 가서 붙어요. 꼬리가 기름때에 붙어 있는 상태에서 머리는 물에 붙어서 기름때를 물 쪽으로 끌어당기지요. 그러면 결국 기름때가 비누 분자에 에워싸여 물로 떨어져 나와요.

▲비누

걸레를 두드리고 비벼 빨면 기름때가 더 잘게 부서져요. 그래서 물로 떨어져 나갔다가 헹구는 과정에서 깨끗하게 씻겨 나간답니다.

하나 더! 머리카락으로 열심히 청소하는 것은? 먼지털이

사물

더우면 키가 커지고 추우면 작아지는 것은?

온도계는 물체나 공기의 온도를 재는 데 쓰는 도구예요. 기다란 모양의 막대 온도계 속에는 빨간 기둥이 있는데, 온도가 올라가면 올라가고 온도가 내려가면 내려가요. 그 모습이 더우면 키가 커지고 추우면 키가 작아지는 것 같지요. 과학 실험을 할 때 흔히 쓰는 막대 온도계의 빨간 기둥은 아무 색 없는 알코올에 빨간 색소를 넣은 거예요.

상식 온도계는 누가 발명했을까?

최초의 온도계는 1593년 이탈리아의 과학자 갈릴레이가 만들었어요. 갈릴레이는 온도에 따라 기체의 부피가 변하는 원리를 이용해서 기체 온도계를 만들었지요. 현재 사용하는 온도계와 비슷한 온도계는 17세기 중엽 피렌체의 학자들이 갈릴레이의 온도계를 계량해서 만든 알코올 온도계예요. 그런데 알코올 온도계는 알코올이 너무 쉽게 끓어 온도를 재기 어려웠어요. 그 뒤 1720년 독일의 파렌하이트가 수은이 열에 의해 일정하게 팽창하는 것을 보고 화씨(F) 온도계인 수은 온도계를 만들었어요. 수은 온도계는 물이 어는 온도와 끓는 온도 사이를 180으로 나누었는데, 그냥 물이 아니라 소금물이 어는 온도를 0° F로 잡았지요. 그래서 물이 어는 온도는 32° F, 물이 끓는 온도는 212° F가 되었어요. 오늘날 가장 많이 쓰이는 온도계는 스웨덴의 물리학자 셀시우스가 만든 섭씨(C) 온도계예요. 물이 어는 온도를 0° C, 물이 끓는 온도를 100° C로 정해 만들었지요.

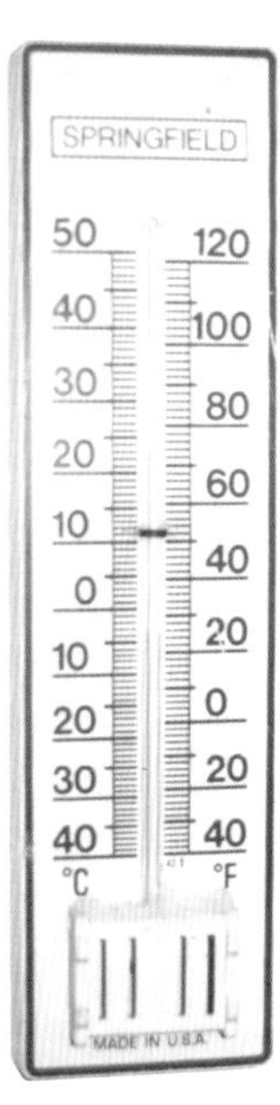

▲막대 온도계

하나 더! 오르면 오를수록 나쁜 것은? ㅓㄴ롬

사물

더울 때 일하고 추울 때 쉬는 것은?

답 : 부채

더울 때 부채를 흔들어 부치면 시원해요. 부채를 흔들면 바람이 일어나 몸을 식혀 주니까요. 그래서 부채는 더운 여름에 일하고, 추운 겨울이 되면 쉬는 거예요.

상식 옛날 선비들은 왜 부채를 가지고 다녔을까?

우리나라에서는 삼국 시대에 이미 부채를 사용했어요. 고구려 고분 벽화에도 깃털로 만든 부채 그림이 나오지요. 부채가 널리 퍼진 것은 고려 시대예요. 특히 고려 시대에는 이전에 사용하던 둥근 부채 말고도 접는 부채가 처음 생겼어요. 접는 부채는 조선 시대에 널리 유행했답니다.

옛날 선비들에게 부채는 더위를 쫓는 도구만이 아니었어요. 선비들이 멋을 부릴 수 있는 장신구 가운데 하나였지요. 선비들은 폭이 넓은 도포, 챙이 넓은 갓과 갓끈, 상투를 틀 때 쓰는 동곳 그리고 부채로 멋을 부렸답니다. 부채에 그림을 그리거나 글을 쓰기도 하고, 선추라는 장식품을 달기도 했지요.

멋쟁이 양반들은 선추에 호박, 백옥, 상아와 같은 값비싼 보석을 사용해서 사치를 부렸고, 너도나도 길이가 길고 살이 아주 많은 화려한 부채를 자랑했어요. 그 바람에 전국의 큰 대나무가 모두 부채 만드는 데 쓰이기도 했지요. 결국 나라에서는 부채의 크기를 정하고, 부채에 값비싼 선추를 다는 것을 법으로 금지해야 했답니다.

▲부채

하나 더! 날개를 돌리며 여름에만 운동하는 것은? 선풍기

사물

때리면 살고 안 때리면 죽는 것은?

팽이는 뱅글뱅글 도는 장난감이에요. 옛날 아이들은 얼음판에서 팽이를 돌리며 즐겁게 놀았어요. 옛날에는 주로 나무를 깎아 말팽이를 만들었어요. 소나무, 박달나무 등 무겁고 단단한 나무를 대칭이 되게 깎고, 밑 부분에는 쇠구슬 등을 박아 무뎌지지 않고 잘 돌아가게 만들었지요. 팽이채는 50센티미터 정도 되는 나무 막대기에 닥나무 껍질 등으로 채를 묶어 만들었어요. 말팽이는 팽이채로 계속 쳐 주어야 넘어지지 않고 계속 돌아가요. 그래서 때리면 살고 안 때리면 죽는 것은 팽이랍니다.

상식 팽이에는 어떤 종류가 있을까?

우리나라 전통 팽이에는 여러 종류가 있어요. 말팽이, 줄팽이, 도토리 팽이……. 줄팽이는 팽이 아래쪽에 줄을 감았다가 풀면서 돌리는 팽이예요. 도토리 팽이는 도토리에 송곳으로 구멍을 뚫고 이쑤시개를 꽂아 만들지요. 이쑤시개를 돌리면 팽이가 뱅글뱅글 돌았어요.

▲말팽이와 팽이채

우리나라의 팽이는 중국 당나라 때 크게 유행했던 것이 삼국 시대에 처음 전해졌고, 다시 일본으로 전해졌다고 해요. 일본의 팽이는 '고마'라고 해요. 고마는 처음에는 귀족들만 즐기던 장난감이었지만 점차 아이들이 즐기는 장난감이 되었지요. 일본에는 팽이채를 사용하지 않고 손으로 비틀어 돌리는 팽이가 많아요.

팽이는 이탈리아, 타이, 멕시코 등 세계 여러 나라에서 볼 수 있답니다.

하나 더! 몸은 넷인데 공중에서 돌아 젖혀지고 엎어지는 것은? 윷

사물

똑같은데 날마다 키 재는 것은?

답 : 젓가락

젓가락은 음식을 집어 먹거나 물건을 집을 때 쓰는 도구예요. 우리나라, 일본, 중국 그리고 동남아시아에서 주로 사용하지요. 젓가락은 주로 나무나 쇠붙이 등으로 만들어요.

젓가락을 쓸 때에는 상이나 그릇의 평평한 부분에 톡톡 쳐서 키를 맞추지요. 그 모습이 키가 똑같은데 날마다 키 재기 하는 것 같아요. 젓가락을 키 재기시키는 이유는 젓가락 두 짝의 키가 잘 맞아야 음식을 잘 집을 수 있기 때문이에요.

상식 젓가락은 언제부터 쓰였을까?

젓가락은 주로 동양에서 많이 쓰였는데 지금으로부터 약 3,000년 전부터 쓰였어요. 중국 전국 시대의 기록에서 젓가락을 뜻하는 '저'를 찾을 수 있고, 중국 은나라 때 쓰던 청동 젓가락이 발견되었거든요. 우리나라에서는 1,800년쯤 전부터 젓가락을 사용했고, 일본에서는 그보다 조금 늦은 1,400년쯤 전부터 젓가락을 사용했대요.

중국, 우리나라, 일본 모두 젓가락을 쓰지만 젓가락의 생김새가 조금 달라요. 중국의 젓가락은 길이가 길고 두께가 굵어요. 일본의 젓가락은 짧고 뾰족하지요. 우리나라 젓가락은 두 나라의 중간 정도의 길이에, 끝은 뾰족하지도 않고 뭉툭하지도 않아요. 중국과 일본에서는 주로 나무로 만든 젓가락을 썼고, 우리나라에서는 옛날부터 놋쇠나 은과 같은 쇠붙이로 만든 젓가락을 즐겨 썼답니다.

하나 더! 일을 많이 할수록 키가 작아지는 것은? 연필

사물

많이 먹어도, 적게 먹어도 늘 배불러 있는 것은?

답 : 항아리

항아리는 배가 불룩 솟은 모양으로 만들어요. 항아리의 뚜껑을 닫아 놓으면 안에 물건이 많이 들었는지 적게 들었는지 알 수 없지요. 그래서 항아리는 많이 먹어도, 적게 먹어도, 아무것도 먹지 않아도 늘 배부른 모습이랍니다.

항아리는 지역과 기후에 따라 모양이 조금 달라요. 중부 이북 지방, 즉 북부 지방의 항아리는 키가 크고 입이 넓어요. 중부 지방의 항아리는 입과 밑의 지름이 비슷하고, 항아리의 모양이 균형 있고 맵시 있어요. 남부 지방의 항아리는 입이 작고 배가 가장 많이 불러 있지요.

항아리는 어떻게 숨을 쉴까?

항아리는 진흙을 구워 만든 옹기예요. 옹기는 가는 모래가 섞인 진흙을 반죽해서 빚은 뒤 유약에 담그고 불에 구워 만들어요. 옹기를 구울 때 흙 속의 공기가 밖으로 빠지면서 작은 구멍이 생기는데, 이 구멍이 옹기의 숨구멍이에요. 옹기의 숨구멍으로는 공기와 습기가 드나들어요. 이것을 두고 옹기가 숨을 쉰다고 하지요.

좋은 옹기는 숨구멍이 고루 잘 뚫려 있어요. 그래서 좋은 옹기에 장을 담그면 상하지 않고 맛있게 잘 익어요. 하지만 질이 나쁜 옹기에 장을 담그면 발효 과정에 문제가 생겨 장이 상하기도 해요. 옛날에는 좋은 옹기에는 장을 담고, 나쁜 옹기에는 소금이나 물을 담아 썼지요. 음식도 좋은 옹기에 담으면 오랫동안 상하지 않아요. 옹기의 숨구멍 덕분에 항아리 안의 온도가 일정하게 유지되기 때문이에요.

 **하나 더!** 부엌에서 날마다 갓 쓰고 있는 것은? 가마솥

사물

말은 말인데 타지 못하는 말은?

양말은 맨발에 신는 의류예요. 옛날 우리나라에서는 버선을 신었는데, 버선을 한자어로 '말'이라고 하지요. 나중에 서양에서 들어온 발에 신는 의류를 '서양에서 온 말'이라는 뜻으로 '양말'이라고 불렀어요. 타고 다니는 동물인 '말'과는 끝소리만 같을 뿐 아무 상관이 없답니다.

양말은 발을 편안하게 하고, 따뜻하고 건조하게 해 주어요. 양말을 신지 않고 신발을 신으면 땀이 차서 상처가 나거나 무좀 등 곰팡이 균이 번식하기 쉽지요.

상식 발은 정말 우리 몸에서 가장 더러울까?

옛날에는 우리 몸에서 발이 가장 더러웠어요. 맨발로 다니거나 맨발에 겨우 짚신을 꿰어 신고 다녔으니까요. 하지만 오늘날에는 발이 그렇게 더럽지 않아요. 양말과 신발 속에 곱게 들어 있으니까요. 발은 하루 종일 구두나 운동화 속에 들어 있어서 땀과 세균 범벅이 되기도 하지만, 날마다 잘 씻고 말리기만 하면 깨끗하게 관리할 수 있어요.

예나 지금이나 정말 더러운 곳은 손이랍니다. 손에는 각종 질병을 일으키는 세균이 약 12만 마리나 살고 있다고 해요. 우리는 손으로 끊임없이 무엇인가를 만져요. 무엇인가 만지는 것은 세균을 만지는 것과 같아요. 그래서 감기, 장염, 신종플루 등 많은 질병이 손으로 전염되지요. 하루에 몇 번씩 비누로 손을 깨끗이 씻으면 세균에 의해 전염되는 많은 병에 걸리지 않을 수 있답니다.

하나 더! 한 구멍에 다섯 형제가 사이좋게 들어가는 것은? 냠양

사물

먹을수록 가벼워지는 것은?

음식을 많이 먹으면 살이 쪄서 몸무게가 무거워지겠지요. 하지만 풍선은 헬륨 가스를 먹으면 먹을수록 가벼워져서 하늘에 둥둥 떠요. 헬륨 가스는 공기보다 가벼우면서도 잘 폭발하지 않아요. 그래서 하늘에 띄우는 풍선이나 기구 등에 헬륨 가스를 넣지요.

헬륨은 우주에서 수소 다음으로 많은 원소로 우주 질량의 4분의 1을 차지하는 기체랍니다.

상식 헬륨 가스를 마시면 왜 목소리가 변할까?

목소리는 폐에 있던 공기가 밖으로 나오면서 성대를 울려서 나는 거예요. 사람의 목소리가 늘 똑같은 것은 똑같은 공기가 들어가 똑같은 성대를 울리기 때문이에요. 그런데 헬륨 가스를 마시면 들어가는 공기가 달라지기 때문에 목소리도 달라지지요.

소리의 높낮이를 결정하는 것은 공기의 진동수예요. 소리의 움직임이 빠르면 진동수가 커지고 높은 음이 나요. 헬륨 가스는 공기보다 가벼워서 소리가 빨리 전달되지요. 그래서 헬륨 가스만 있는 곳에서 소리를 내면, 진동수가 커져서 무척 높은 음이 나요. 일부러 헬륨 가스를 마셔도 마찬가지예요. 폐에 이미 들어 있던 공기와 들이마신 헬륨 가스가 섞여 진동수가 커지기 때문에 높고 우스꽝스러운 목소리가 난답니다.

▲헬륨 가스를 넣은 풍선

하나 더! 먹으면 먹을수록 배고프다고 아우성치는 것은? 물| ㄱ|ㅏ욕ㅏ(뒤집힌 글씨: 자동차 기름)

불은 불인데 뜨겁지 않은 불은?

답 : 이불

불은 대체로 뜨거워요. 촛불, 모닥불, 숯불 모두 매우 뜨겁지요. 하지만 이불은 이름에 '불' 이 들어 있을 뿐 뜨거운 불은 아니에요. 이불은 잘 때 몸을 덮기 위해 헝겊과 솜 등으로 만든 것이랍니다.

우리 전통 침구는 이부자리에요. '이부자리' 는 덮는 이불과 까는 요를 함께 부르는 말이지요. 이부자리와 베개를 함께 이르는 말은 한자어로 '금침' 이라고 해요. 원앙금침은 원앙을 수놓은 금침 또는 부부가 함께 자는 이부자리라는 뜻이에요.

상식 차디찬 불꽃이 있을까?

얼음에 불을 붙이면 절대로 불에 타지 않아요. 하지만 세계의 큰 바다 밑에는 차디찬 얼음 불꽃이 있답니다. 바로 얼음 불꽃으로 불리는 메탄수화물이에요. 메탄수화물은 물과 얼음이 결합된 물질이지요. 겉으로는 차가운 눈덩이처럼 보이지만 불을 붙이면 활활 타오른답니다.

과학자들은 이 메탄수화물을 에너지원으로 쓸 방법을 연구하고 있어요. 메탄수화물에서 주요 에너지원으로 쓰이는 천연가스를 뽑아낼 수 있거든요. 하지만 메탄수화물을 당장 에너지원으로 바꿀 수는 없어요. 메탄은 이산화탄소와 마찬가지로 온실가스인데, 이것이 갑자기 대기 중으로 빠져나오면 지구 온난화가 더욱 심각해질 수 있기 때문이에요. 현재 과학자들은 메탄수화물을 안전하게 에너지로 만드는 연구를 계속하고 있어요. 우리나라에도 독도 근처의 바다를 비롯해 동해에 메탄수화물이 묻혀 있답니다.

사물

산은 산인데 오르지 못하는 산은?

지리산, 백두산, 한라산은 열심히 오르면 오를 수 있지만 우산은 오를 수 없답니다. 우산은 비가 올 때 비를 가리기 위해 머리 위에 쓰는 것이니까요.

지금과 같이 우산살에 헝겊을 붙인 우산은 서양에서 전해졌어요. 처음 들어온 서양 우산은 쇠로 만든 살에 어두운 색의 비단을 바르고 한가운데에 금속이나 대나무로 자루를 박아 만들었어요. 요즘에는 무거운 쇠 대신 가볍고 튼튼한 스테인리스나 알루미늄으로 살을 만들고 나일론이나 폴리에스테르에 방수 처리를 한 천으로 덮은 우산을 사용하지요.

상식 옛날 사람들은 무엇으로 비를 피했을까?

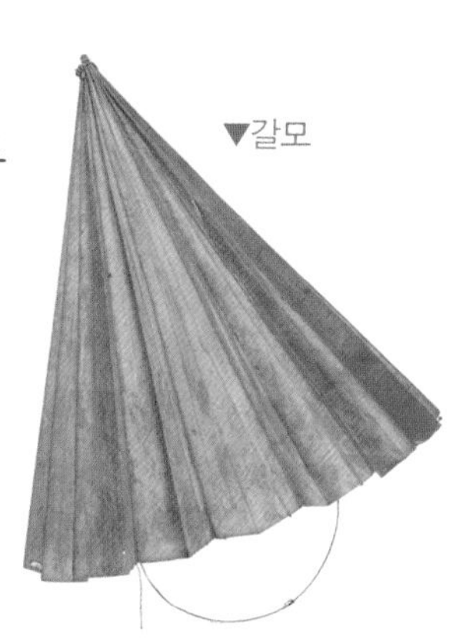
▼갈모

옛날 우리나라에서는 특별한 의례가 있을 때 왕이나 상류층이 주로 우산을 사용했어요. 고구려 벽화에서 볼 수 있듯이 시녀나 신하가 대가 긴 우산을 받쳐 주었고, 비를 피하기 위한 우산보다 햇빛을 가리기 위한 양산으로 더 많이 사용했지요. 고려 시대에는 벼슬아치들만 우산을 쓸 수 있었고, 조선 시대에도 왕이나 양반들만 우산을 쓸 수 있었지요.

서민들은 비가 오는 날이면 도롱이를 입고 삿갓을 썼어요. 도롱이는 짚을 엮어 망토처럼 만든 비옷으로, 옷 위에 덮으면 비가 스며들지 않고 밑으로 뚝뚝 떨어졌어요. 머리에는 기름종이로 만든 갈모를 쓰기도 했어요. 갈모는 모자 위에 덮어 비를 피하는 것으로, 양반들도 갓 위에 갈모를 썼지요. 평소에는 접어서 가지고 다니다가 비가 오면 펼쳐 썼어요. 여자들은 기름종이로 쓰개치마를 만들어 비옷으로 입기도 했답니다.

하나 더! 산은 산인데 비를 좋아하는 산은? 우산

사물

세상에서 가장 넘기 힘든 고개는?

옛날에는 부산에 살던 선비가 한양에 오려면 산 넘고, 고개 넘고, 강을 몇 번이나 건너야 했어요. 특히 고개를 넘는 일은 보통 힘이 드는 것이 아니었어요. 호랑이나 곰과 같은 맹수를 만날 수도 있고, 산적을 만나 짐을 빼앗길 수도 있었으니까요.

그러나 높고 무서운 고개보다 더 넘기 힘든 고개는 '보릿고개'였답니다. 보릿고개는 쌀이 다 떨어져 갈 때쯤인 이른 봄을 가리키는 말이에요. 아직 보리를 수확하기 전인데 쌀은 다 떨어지고, 이른 봄이라 산나물도 나지 않아 먹을 것이 거의 없었지요. 그래서 보릿고개를 견디는 일은 호랑이가 나오는 고개를 넘는 일보다 더 힘겨웠답니다.

우리나라의 식량 자급률은 얼마나 될까?

지금은 보릿고개도 없고 일 년 내내 쌀과 곡식, 채소, 과일이 풍부해요. 하지만 우리나라의 식량 자급률은 알고 보면 매우 낮아요. 식량 자급률은 우리나라에서 소비하는 식량의 공급량 가운데 우리나라에서 생산하는 식량의 양이 차지하는 비율이지요.

우리나라의 식량 자급률은 26.9퍼센트로 무척 낮은 편이에요. 프랑스, 독일, 미국은 100퍼센트가 훨씬 넘지요. 유일하게 자급률이 높은 곡식은 쌀로 약 95퍼센트 정도예요. 나머지는 터무니없이 낮답니다. 식량 자급률이 낮으면 국제 곡물 가격이 오를 때마다 식량을 사기 위해 돈을 많이 써야 해요. 식량을 수출하는 나라들이 수출을 중단하면 꼼짝없이 굶어야 하지요. 그래서 식량 자급률을 높이는 것은 무척 중요해요. 다시 말하면 농업이 무척 중요한 산업이라는 뜻이에요.

사물

속 빈 기둥에 벌렁코 구멍이 여덟 개 뚫린 것은?

벌렁코는 넓적하게 벌어진 코예요. 피리는 속이 빈 대나무에 구멍을 8개 뚫어 만드는데, 그 모습이 벌렁코에 콧구멍이 뚫린 것처럼 보이기도 해요. 피리는 중앙아시아 지역에서 중국과 우리나라, 일본에 전래되었지요. 궁중 음악, 제례악, 민속 음악 등 여러 장르의 음악에서 주된 가락을 담당하는 악기예요. 우리 전통 피리의 종류에는 향피리, 당피리, 세피리 등이 있어요.

상식 대나무는 왜 속이 비었을까?

대나무를 잘라 보면 마디는 막혀 있고, 속은 텅 비어 있어요. 속이 꽉 차 있고 나이테까지 있는 다른 나무들과 무척 달라요. 사실 대나무는 나무가 아니라 줄기가 나무처럼 단단한 풀이에요. 그래서 줄기는 굵어지지 않고 키만 크지요. 대나무의 속이 텅 빈 까닭은 너무 빨리 자라기 때문이에요.

보통 식물들은 뿌리와 줄기의 끝에만 생장점이 있어서 키가 크고 뿌리가 길어지지요. 하지만 대나무는 마디마다 생장점이 있어요. 그래서 마디마다 길이가 자라다 보니 다른 나무들에 비해 엄청 빨리, 엄청 크게 자라지요. 그런데 너무 빨리 자라다 보니 대나무의 줄기와 벽을 이루는 조직은 빠르게 늘어나 키를 키우지만, 속을 이루는 조직은 그만큼 빨리 자라지 못해요. 그래서 속이 차지 못하고 텅 비게 되었답니다.

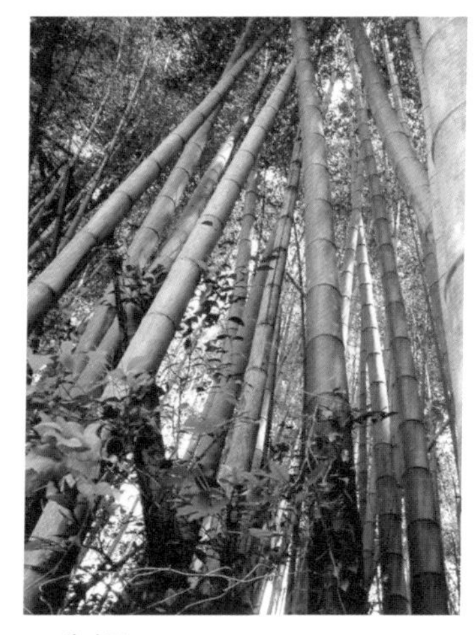
▲대나무

하나 더! 매 맞고도 노래 부르는 것은?

사물

아래로 먹고 위로 나오는 것은?

옛날에는 집집마다 아궁이가 있었어요. 아궁이에 땔감을 넣고 불을 때면 불기운이 구들장 밑으로 들어가 방을 데운 다음 연기는 굴뚝으로 빠져나갔지요. 땔감을 때는 아궁이는 밑에 있고, 연기가 빠져나가는 굴뚝은 위를 향해 높이 솟아 있어요. 그래서 아래로 땔감을 먹고 위로 연기가 나오는 것은 굴뚝이랍니다.

상식 온돌방은 왜 하루 종일 따뜻할까?

옛날 우리 전통 집은 아궁이에 불을 때서 방을 데우는 온돌로 난방을 했어요. 우리 조상들은 삼국 시대 이전부터 온돌을 사용했지요. 온돌은 날씨가 추운 북쪽 지방에서 시작되었는데, 고려 시대와 조선 시대를 거치면서 온 나라로 널리 퍼졌어요.

온돌방은 아궁이, 구들장, 굴뚝 등으로 이루어져요. 아궁이는 땔감을 때서 불을 지피는 곳이고, 구들장은 방바닥에 깐 넓고 평평한 돌이지요. 아궁이에 불을 때면 불기운이 구들장을 데워 방바닥을 고루 따뜻하게 만든 뒤, 연기는 굴뚝으로 빠져나가요. 구들장은 한 번 데워지면 쉽게 식지 않아요. 그래서 온돌방은 아침저녁으로 하루 두 번 불을 때면 하루 종일 따뜻하게 유지되었답니다. 온돌은 경제적으로도 좋은 난방이었어요. 아궁이에 불을 한 번 때면 밥 짓고 방을 데우는 일을 한꺼번에 해결할 수 있었으니까요.

온돌은 전 세계에서 우리나라에만 있는 특별한 난방 방법이랍니다.

하나 더! 불은 불인데 나무를 먹으면 살고 물을 먹으면 죽는 것은? 화롯불

사물

아무리 많이 모아도 결국 버려야 하는 것은?

답 : 쓰레기

쓰레기는 먼지나 티끌, 못 쓰게 되어 내다 버린 물건, 이미 버려진 것들을 말해요. 쓰레기는 아무리 많이 모아도 결국 버려야 해요. 버리지 않고 쓸 수 있는 것은 쓰레기가 아니랍니다.

종이 상자, 유리병, 플라스틱, 비닐 봉지 등 가공해서 다시 쓸 수 있는 것은 쓰레기가 아니라 재활용품이에요. 재활용품을 모으면 지구를 살리는 소중한 자원이 되지요.

상식 쓰레기를 줄일 수 있는 방법은 무엇일까?

우리는 날마다 쓰레기를 내놓아요. 과자를 먹으면 과자 봉지가, 음식을 먹으면 남은 반찬이, 머리를 빗으면 떨어진 머리카락이 쓰레기가 되지요. 이렇게 버린 쓰레기들을 모두 쌓아 둔다면 지구는 금세 쓰레기장으로 변하고 말 거예요. 하지만 쓰레기를 종류별로 나누어 버리면 재활용할 수 없는 쓰레기는 땅에 묻거나 태워 없애고, 재활용할 수 있는 것은 자원으로 다시 활용할 수 있어요. 버려진 종이는 화장지, 신문지 등 재생지로 다시 태어나고, 유리병은 깨끗이 씻어서 다시 쓸 수 있지요. 플라스틱과 비닐도 종류별로 녹여서 다시 쓸 수 있어요. 쓰레기에서 자원이 될 만한 것들을 골라 다시 쓰면 쓰레기의 양이 엄청나게 줄어들지요.

▲재활용 분리수거 함

하지만 그전에 될 수 있는 한 쓰레기를 만들지 않도록 노력해야 해요. 음식은 먹을 만큼만 사고, 포장이 지나치게 크거나 화려한 제품은 사지 않는 게 좋지요.

하나 더! 물은 물인데 아주 오래된 물은? 롬ㅍ

앞으로 가면 지고 뒤로 가면 이기는 것은?

답 : 줄다리기

달리기 경기는 먼저 결승점에 도착한 사람이 이겨요. 먼저 앞서 가는 사람이 이기는 것이지요.

하지만 줄다리기는 뒤로 가야 이겨요. 줄다리기는 사람들을 두 편으로 가른 다음, 양쪽에서 줄을 뒤로 끌어당기는 경기예요. 그래서 줄다리기는 앞으로 가면 지고 뒤로 가면 이기지요.

상식 옛날에 줄다리기를 하면 왜 여자 편이 이겨야 했을까?

줄다리기는 정월 대보름에 주로 하던 놀이예요. 우리나라뿐 아니라 중국, 동남아시아 등 벼농사를 짓는 나라에서 많이 했지요. 줄다리기가 단순한 놀이가 아니라 풍년을 기원하는 풍습이었기 때문이에요.

줄다리기는 동쪽과 서쪽으로 편을 갈라서 했어요. 동쪽은 남자 편, 서쪽은 여자 편이 되는 경우가 많았고, 남자 편보다 여자 편이 이기는 경우가 더 많았어요. 줄다리기에서 여자 편이 이기면 풍년이 든다는 믿음 때문이었지요.

줄다리기의 줄은 짚을 꼬아 만들었는데, 사람들은 놀이가 끝나면 남은 줄을 잘게 잘라 논에 뿌리며 풍년이 들기를 기원했어요. 아기를 낳지 못하는 여자들은 일부러 줄다리기의 줄을 넘으며 아기 낳기를 기원하기도 했답니다.

사물

앞으로만 계속 가고 뒤로 갈 수 없는 것은?

답 : 시간

어처구니없는 실수를 하면 시간을 되돌리고 싶지요. 과거로 돌아가면 절대로 같은 실수를 하지 않을 자신이 있으니까요.

하지만 시간은 되돌릴 수 없어요. 시간은 앞으로만 계속 갈 뿐 절대로 뒤로 가지 않거든요. 엎지른 물을 도로 담을 수 없는 것처럼요.

상식 시간 여행은 가능할까?

▲탁상시계

천재 과학자 아인슈타인의 상대성 이론에 따르면 시간 여행은 가능해요. 우주선을 타고 빛보다 빠른 속도로 움직일 수 있다면요. 하지만 지금까지 빛보다 빨리 움직이는 우주선을 만든 사람은 한 명도 없고, 시간 여행을 다녀온 사람도 없지요.

시간 여행에는 여러 가지 문제점이 있어요. 예를 들면 과거로 갔다가 우리 부모님을 만나서 실수로 두 분을 헤어지게 만들면 내가 태어나지 않게 되겠지요. 내가 태어나지 않으면 과거로 시간 여행을 가서 부모님을 헤어지게 만들 사람도 없어지겠지요. 그러면 부모님이 헤어지지 않아 내가 태어나게 되고……. 생각만 해도 머리가 복잡한 문제가 생긴답니다.

현재의 과학 기술로는 시간 여행을 할 수 없어요. 하지만 미래에는 어떻게 될지 아무도 몰라요.

 **하나 더!** 형과 동생이 빙빙 돌면서 경주하는 것은? 시계

사물

참새들이 싫어하는 비는?

가을이 되면 황금빛 논에 등장하는 커다란 인형이 있어요. 농부의 모습을 닮은 허수아비예요. 허수아비는 막대기에 짚을 묶고 밀짚모자나 삿갓 등을 씌워 만들지요.

가을이 되어 벼가 잘 익으면 참새들이 몰려와 알곡을 쪼아 먹어요. 농부들은 참새들을 쫓기 위해 사람과 닮은 허수아비를 세워 놓지요. 그러면 아무것도 모르는 참새들은 논으로 날아들다가 "농부가 있네." 하며 달아난답니다. 그래서 참새들이 가장 싫어하는 비는 허수아비예요.

짚으로 만든 물건에는 어떤 것들이 있을까?

짚은 벼, 보리, 밀 따위의 이삭을 떨어낸 줄기와 잎을 뜻해요. 우리 조상들은 구하기 쉬운 짚을 이용해 여러 가지 생활 도구를 만들어 사용했지요. 쌀을 담아 보관하는 가마니, 흙이나 거름 등을 나르는 삼태기, 바닥에 까는 멍석, 물건을 담는 각종 바구니를 짚으로 만들었어요. 여러 가지 물건을 만드는 데 쓰이는 새끼줄도 짚을 꼬아 만들었지요. 초가집 지붕도 짚을 엮어 얹었어요. 우리 조상들은 짚으로 신과 옷도 만들었어요. 짚신은 우리 조상들이 가장 즐겨 신었던 신이에요. 하지만 잘 닳아서, 먼 길을 떠날 때에는 짚신을 여러 켤레 삼아 가지고 가야 했지요. 비 올 때 입는 도롱이도 짚으로 만들었어요. 망토처럼 생긴 도롱이를 걸치면 빗물이 도롱이를 타고 쪼르르 떨어져 옷이 젖지 않았답니다.

짚은 동물들에게도 요긴하게 쓰였어요. 소의 여물은 짚을 넣고 끓인 것이고, 닭이 알을 낳는 둥지나 개집도 짚으로 만들었어요. 옛날에는 짚으로 만들 수 없는 것이 거의 없을 정도로 짚을 많이 이용했답니다.

 **하나 더!** 비는 비인데 맛있는 비는? 굴비, 갈비

사물

초는 초인데 불이 켜지지 않는 초는?

불빛을 내는 물건인 '초'는 순수한 우리말이에요. 서양에서 들어온 초는 양초라고 하지요. 생각만 해도 시디신 초는, 신맛이 나는 액체 조미료예요. 양초와 식초는 둘 다 '초'이지만 뜻도 다르고, 쓰임새도 전혀 다른 물건이랍니다.

상식 사람들은 언제부터 식초를 먹었을까?

사람들이 언제부터 식초를 먹기 시작했는지는 정확히 알려져 있지 않아요. 하지만 아주 오래전부터 먹기 시작했을 거예요. 기원전 5000년경 바빌로니아 사람들은 대추야자 술을 발효시켜 식초를 만들어 먹었고, 이집트의 클레오파트라는 식초로 피부 관리를 했다고 해요. 중국 한나라에서는 오래 묵은 식초를 약으로 쓰기도 했답니다.

우리나라에서는 신라 시대에 이미 식초를 먹기 시작했고, 고려 시대에는 약으로 쓰기 시작했어요. 조선 시대에는 집집마다 식초를 담글 수 있게 되어 민간 약으로 자리를 잡았지요.

서양에서도 식초를 약으로 썼어요. 의학자 히포크라테스는 식초로 상처를 소독했어요. 오랫동안 배를 타는 선원들도 살균력이 강한 식초를 약으로 쓰고, 식초에 절인 채소를 먹으며 기나긴 항해를 버텼답니다.

식초는 우연히 발견되었어요. 사람들은 아주 오래전부터 쌀이나 과일 등으로 술을 담가 먹었는데, 술이 잘못 익은 것이 신맛 나는 식초가 되었답니다.

하나 더! 겉으로는 눈물을 흘리고, 속은 타는 것은? 롱촛

사물

한평생 눈딱총을 놓고 서 있기만 하는 것은?

답 : 신호등

눈딱총은 마음에 맞지 않거나 미워서 쏘아보는 것을 비유적으로 이르는 북한말이에요. 신호등은 도로에 떡하니 서서 차들을 노려보는 것 같아요. 빨간불, 노란불, 파란불을 켤 때마다 마치 눈딱총을 놓는 것 같지요.

하지만 신호등은 괜히 쏘아보는 것이 아니에요. 차들이 질서 있게 달리도록 신호를 보내 주는 것이랍니다.

상식 신호등은 왜 빨간색, 녹색, 노란색일까?

신호등의 빨간색은 정지, 녹색은 진행, 노란색은 주의하라는 뜻을 나타내요. 신호등은 처음에 기차의 진행을 조절하는 철도 신호로 쓰였어요. 정지하라는 뜻의 빨간색은 멀리서도 눈에 가장 잘 띄고, '위험'을 느끼게 하는 색깔이지요. 그래서 신호등을 처음 만들 때부터 빨간색을 정지 신호로 쓰고, 녹색은 주의, 흰색은 진행 신호로 정했어요.

그런데 1914년 신호등 때문에 철도 사고가 일어났어요. 빨간색 신호등의 색유리가 깨져서 흰색 신호가 되자, 이 사실을 몰랐던 기관사가 기차를 세우지 않아 사고가 난 거예요. 그래서 사람들은 빨간색과 대비되는 녹색을 진행 신호로 바꾸고, 빨간색이나 녹색과 대비되는 노란색을 주의 신호로 바꾸었어요. 이 철도 신호등이 그 뒤 일반 교통 신호등이 되었지요.

교통 신호등은 처음에는 빨간색, 녹색 신호 두 가지로만 쓰이다가 1920년 미국 디트로이트에서 지금과 같은 빨간색, 녹색, 노란색의 신호등을 쓰기 시작한 뒤 지금은 전 세계에서 같은 색깔의 신호등을 쓰고 있답니다.

하나 더! 쌍둥이가 베개 베고 있는 것은? 기찻길

사진 출처

사단법인 크리에이티브 커먼즈 코리아

P.13(쇠똥구리, andrew ross) | P.15(딱따구리, Velo Steve) | P.21(누에, omrulkens) | P.23(솔방울, foxypar4) | P.25(갈라파고스땅거북, 5of7) | P.31(목련/소나무, rianravan/Jo Jakeman) | P.39(은행잎 화석, Arenamontanus) | P.41(족제비, law_keven) | P.53(귀의 구조, perpetualplum) | P.57(태아, lunar caustic) | P.83(드라이아이스, Herkie) | P.89(부레옥잠, saiberiac) | P.91(태양, Chuck ThePhoto) | P.93(월식, ahisgett) | P.97(번개, Leszek. Leszczynski) | P.101(그림자, dvs) | P.109(얼음, Kyle May) | P.111(눈꽃, spcbrass) | P.115(윷놀이, skinny lawyer) | P.119(촛불, dunky) | P.123(우물, Rajin Patel(Gajiv's View)) | P.127(지네, Furryscaly) | P.129(미끄럼틀, Kosable) | P.133(막대 온도계, james.thompson) | P.135(부채, greyloch) | P.153(대나무, jmurawski) | P.157(재활용 분리수거 함, epSos.de) | P.161(탁상시계, Wolfgang Lonien)

포토파크

P.15(독수리/오리) | P.17(개구리/두꺼비) | P.19(돼지) | P.29(할미꽃 열매) | P.33(옥수수) | P.35(양파) | P.37(사과/배추) | P.43(달팽이) | P.71(손금) | P.105(현미) | P.125(고무장갑) | P.131(비누) | P.145(풍선)

서울시립박물관

P.149[갈모, 서울시립(서울시립)9771]

2012년 2월 5일 1판 1쇄 발행
2017년 1월 30일 1판 4쇄 발행

글 정재은 | 그림 우지현
펴낸이 문제천 | 펴낸곳 (주)은하수미디어
편집장 김은영 | 편집책임 오숙희 | 편집 임소현
디자인책임 문미라 | 디자인 이수진 김효정
편집진행 김혜영 | 디자인외주 이재경 | 제작책임 이남수
주소 서울시 송파구 문정1동 21-5 에코타워 4층
대표전화 (02)449-2701 | 편집부 (02)3402-1386
팩스 (02)404-8768
출판등록 제22-590호 (2000. 7. 10.)
홈페이지 www.ieunhasoo.com